Steffen Eichhorn · Stefan Marquard · Stephan Otto

STEAK PUR!

HEEL

Impressum

HEEL Verlag GmbH
Gut Pottscheidt
53639 Königswinter
Tel.:   0 22 23 92 30-0
Fax: 0 22 23 92 30-13
E-Mail: info@heel-verlag.de
Internet: www.heel-verlag.de

Autoren: Steffen Eichhorn, Stefan Marquard und Stephan Otto

Fotos: Thomas Schultze: Foodfotos, Christine Birnbaum: S. 6 und 7, Stephan Otto: S. 8, 9, 12, 14, 15, 135 oben, Bernhard Kühmstedt: S. 135 Porträt Stefan Marquard, fotolia: S. 4, 9, 12 (Black Angus, Limousin, Charolais) und 13.

Coverfoto: stockfood, Minowa Studio Co., Bernhard Kühmstedt (Porträt Stefan Marquard)

Satz und Gestaltung: Claudia Renierkens, renierkens kommunikations-design, Köln

Foodstyling: Katja Korsawe

Lektorat: Christine Birnbaum

Druck: Offizin Andersen Nexö
Printed in Germany

ISBN 978-3-86852-182-5

Inhaltsverzeichnis

Wir danken der Firma Weber sehr herzlich für die Bereitstellung des Grills.

Bedanken möchten wir uns außerdem bei der Firma AMA (Agrarmarkt Austria), deren Schnitt-Grafiken wir nutzen konnten.

Vorwort

Liebe Leser,

wir haben nicht nur einen sehr ähnlichen Vornamen. Wir teilen auch eine wunderbare Leidenschaft: die Liebe zum Fleisch, zu erstklassigem Fleisch, seiner Zubereitung und seinem Genuss. Und diese Passion hat uns zusammengebracht.

Als die Idee zu diesem Buch geboren war, haben wir uns zu einem Brainstorming in Stefans Hauptquartier in Tutzing getroffen. Beim Gedankenaustausch ist es nicht geblieben. Im Frühjahr 2009 fanden wir uns in Stefans Küche ein, Stephan brachte jede Menge Fleisch mit und Steffen hat gebraten, was die Pfannen hielten. Nachdem wir für die Rezepte die unterschiedlichsten Klassiker noch einmal zu-

bereitet hatten, wollten wir es ganz einfach wissen. Kann man aus einem Schaufelstück ein Steak zubreiten? Oder aus dem Hüftdeckel? Wie ist es mit Bavette oder Onglet?

Irgendwann hat Stefan dann gesagt: „Filet ist langweilig, da müssen wir was machen. Lass uns mit den Filets noch mehr ausprobieren." Also haben wir weiter experimentiert. Mit Mini-Salamis, mit Krakenbeinen, mit Panaden, mit diversen Füllungen, und am Ende mussten sich nicht nur die Filets ergeben, am Ende haben wir auch Schnitte als steaktauglich erklärt, die Ihnen wahrscheinlich kein deutscher Metzger zu diesem Zweck verkaufen würde. Aber Sie

müssen ja nicht verraten, dass das Bürgermeisterstück nicht im Eintopf landen soll.

Will man einen dieser außergewöhnlichen Steak-Schnitte zubereiten, kommt man nur mit erstklassigem Fleisch zum Erfolg. Natürlich muss die Fleischqualität auch bei den bekannten Schnitten stimmen. Ein kurz gebratenes Schaufelstück minderer Qualität macht jedoch niemanden wirklich glücklich. Aber keine Angst, auch Liebhaber klassischer Steak-Genüsse kommen auf ihre Kosten, ob mit Filet Mignon, Zwiebel- oder Pfeffersteak.

Stephan hat aus seinem unglaublichen Wissen über alles, was mit erstklassigem Fleisch zu tun hat, noch ein informatives Kapitel zusammengestellt. Dort kann man nachlesen, was man über Einkauf, Garmethoden und die verschiedenen Steakschnitte wissen sollte. Wer dieses einleitende Kapitel sorgfältig liest, hat umso mehr Freude bei der Zubereitung der Gerichte.

Uns hat dieses Projekt unglaublich viel Spaß gemacht und wir hoffen, dass ein bisschen etwas von dieser guten Stimmung in den Rezepten spürbar wird. Wir hoffen, Sie sind neugierig geworden auf unsere etwas unkonventionellere Art, Steaks zuzubereiten.

Wir wünschen Ihnen viel Spaß beim Kochen, beim Ausprobieren – und natürlich beim Experimentieren!

Stefan Marquardt

Steffen Eichhorn

Stephan Otto

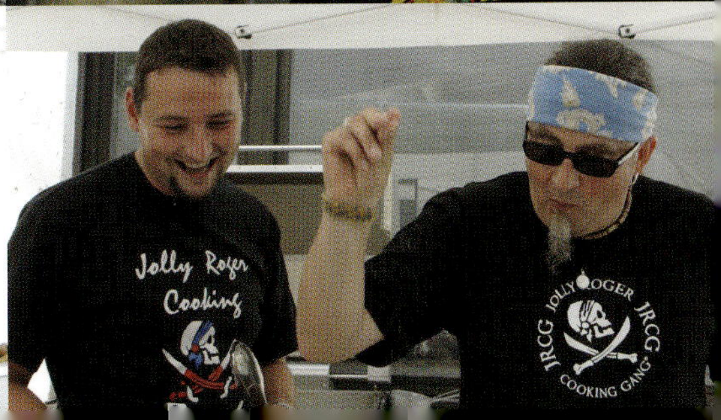

Einkauf

Wenn das Fleisch perfekt gelingen soll, dann ist das oberste Gebot die sorgfältige Auswahl des Produktes.

Gerade bei Steaks hat dieser Aspekt eine enorme Bedeutung, denn hier gibt es prinzipiell nur eine Zubereitungsmethode: Sie werden kurz gebraten, das heißt, sie werden für eine kurze Zeit hoher Hitze ausgesetzt. Somit hat der Kochvorgang insgesamt nur einen sehr begrenzten Einfluss auf die Qualität des Gerichtes, auch wenn man natürlich auch hierbei alles richtig machen muss. Brat- und Schmorgerichte werden über einen längeren Zeitraum zusammen mit den verschiedensten, meist geschmacksintensiven Zutaten wie Gemüse, Fonds und Gewürzen gegart. Damit lässt sich eine mindere Qualität beim Ausgangsprodukt häufig etwas ausgleichen, was beim Steak nur bedingt möglich ist.

Die wichtigsten Auswahlkriterien, nach denen sich die Qualität des Fleisches beurteilen lässt, sind sensorischer Natur: Geschmack, Zartheit und Saftigkeit. Diese Aspekte muss man jedoch immer im Zusammenhang mit ethischen Kriterien sehen, die sich im Umweltbewusstsein des Erzeugers und in der Rückverfolgbarkeit der Herkunft des Produktes widerspiegeln.

Hat man beim Einkauf von Wein oder Käse meist die Gelegenheit zu probieren, ergibt sich diese Möglichkeit beim Fleischkauf nur sehr selten. Umso wichtiger ist es, dass man dem Verkäufer vertrauen kann. Darüber hinaus gilt es, die folgenden Kriterien abzufragen, die ganz wesentlich für die Qualität des Fleisches verantwortlich sind:

- Genetik
- Fütterung
- Schlachtalter
- Reifung
- Herkunft
- Aufzucht

oben links: Black Angus

oben rechts: Limousin

Mitte: Hereford

unten links: Charolais

unten rechts: Wagyus (Kobe)

Seite 13: Simmentaler

Genetik

In unserem Steak-Buch dreht sich alles um Rindersteaks. Das Rind als eine der ältesten europäischen Haustier-rassen ist heute ein ganz wesentlicher Bestandteil in der Ernährung des Menschen in der westlichen Welt. Es gibt ca. 100 domestizierte Rinderrassen. Davon haben die meisten nur eine regionale Bedeutung, nur einige wenige Rassen sind weltweit bekannt. Die Rassen werden entsprechend ihres Nutzungszweckes unterschieden. Es gibt Fleischrassen, Milchrassen und Zweinutzungsrassen. Die besten Steaks werden von Fleischrassen gewonnen.

Bekannte Fleischrassen sind Black Angus, Hereford, Charolais, Limousin und Simmentaler sowie das japanische Wagyu Rind. Stammen die Wagyus aus der Region Kobe, sind sie auch als Kobe Rinder bekannt.

Als Fleischrassen bezeichnet man diejenigen Rassen, die sich aufgrund ihrer genetischen Veranlagung optimal zur Fleischgewinnung eignen, was sowohl für den Züchter als auch für den Konsumenten von Vorteil ist. Fleischrassen sind sehr gute Futterverwerter, das heißt, sie benötigen im Vergleich zu anderen Rassen zum einen weniger Futter zum Aufbau von Muskelmasse und zum anderen ist bei ihnen der Anteil an Muskeln am Gesamtkörper höher. Dadurch steigt auch der Ertrag pro Tier für den Züchter.

Der Konsument kann ganz nach Geschmack und persönlichen Vorlieben auswählen:
So gibt es Rassen, die eher fettarmes Fleisch produzieren, wie beispielsweise das Charolais Rind. Gourmets schätzen dagegen das stärker marmorierte Fleisch, wie das des Wagyus. Unter Marmorierung versteht man die im Muskel eingeschlossenen feinen Fettäderchen, die während des Bratvorganges schmelzen und dem Fleisch damit Geschmack, Zartheit und Saftigkeit geben. Unter Fleischkennern sind neben dem Wagyu die Rassen Black Angus und Hereford am beliebtesten, weil deren Fleisch unabhängig vom Futter eine hohe Marmorierung aufweist.

Fütterung

Während man die Genetik als Basis oder „Pflicht" bezeichnen kann, gehört sowohl die Aufzucht als auch die Fütterung zur „Kür", wenn man bei der Fleischproduktion das Augenmerk auf die oben genannten sensorischen Kriterien legt.

Bei der Fütterung werden grundsätzlich zwei Fütterungsmethoden unterschieden. Zum einen gibt es eine reine Grasfütterung und zum anderen eine Fütterung mit sogenannten Fütterungsprogrammen, bei denen weitere energiereiche Futtermittel hinzukommen.

In Europa und Südamerika wird überwiegend die reine Grasfütterung angewendet. Die USA und Japan sind dagegen für ihre ausgefeilten Fütterungsprogramme bekannt. Je energiereicher die Fütterung ist, desto leichter kann das Rind intramuskuläres Fett einlagern. Aber auch der Geschmack wird durch die Fütterung beeinflusst. Wir schmecken, was die Tiere gefressen haben – im positiven, aber auch im negativen Sinne. Fleisch von Tieren, die eine reine Grasfütterung genossen haben, ist eher geschmacksneutral, weil Gras an sich nicht besonders geschmacksintensiv ist.

Frisst das Tier dagegen Getreide oder Mais, dann hat das Fleisch einen sehr viel intensiveren Fleischgeschmack.

Neben der grundsätzlichen Unterscheidung in der Fütterungssystematik ist man heute bestrebt, dass die Fütterung mit rein natürlichen Futtermitteln durchgeführt wird. Die Verwendung von Hormonen hat zwar positive Auswirkungen auf die sensorische Qualität – durch die Beifütterung von Hormonen wird mehr Wasser im Fleisch gehalten, somit ist es prinzipiell saftiger –, aber wir können heute nicht abschließend beurteilen, wie sich der Verzehr dieses Fleisches auf unsere Gesundheit auswirkt. Aus diesem Grund haben die europäischen Gesetzgeber zum Schutz der Bevölkerung den Verkauf von hormonbehandeltem Fleisch in der Europäischen Union verboten. Im Gegensatz dazu sehen die Gesetzgeber in den USA dies aktuell noch anders und deshalb darf dort hormonbehandeltes Fleisch verkauft werden.

Schlachtalter

Auch das Schlachtalter hat Auswirkungen sowohl auf die Zartheit als auch auf die Saftigkeit des Fleisches.

Rinder sind mit 12 Monaten ausgewachsen. Das normale, für den Massenmarkt aufgezogene Rind wird im Alter zwischen 12 und 15 Monaten geschlachtet. Die Rinder führender Züchter, die den hochpreisigen Qualitätsmarkt für Feinschmecker und Gourmets beliefern, werden dagegen erst zwischen dem 24. und dem 30. Monat geschlachtet. Das berühmte Wagyu Rind wird in der Regel nicht vor dem 36. Monat geschlachtet. Aber wieso führt das unterschiedliche Schlachtalter zu einer unterschiedlichen Qualität?

Das Rind befindet sich bis zum 12. Monat in der Wachstumsphase. Es ist noch nicht ausgewachsen und alle aufgenommene Energie wird in Wachstum umgesetzt. Erst, wenn das Tier ausgewachsen ist, also nach dem 12. Monat, kann aufgenommene Energie in den Aufbau von Fettreserven – in intramuskuläres Fett – investiert werden. Je mehr Zeit das Rind dazu hat, desto höher wird die Marmorierung. Natürlich gibt es auch eine Begrenzung des Schlachtalters nach oben. Werden die Tiere zu alt, sind die Fasern zu grob und das Fleisch verliert an Zartheit. Insbesondere beim Wildrind Bison kann man diesen Effekt sehr gut beobachten. Für qualitativ hochwertiges Fleisch werden Bisons deshalb nur zwischen dem 24. und dem 30. Monat geschlachtet.

Vor bzw. bei der Schlachtung ist darauf zu achten, dass das Tier möglichst stressfrei ist. Die Hormone, die durch Stress gebildet werden, wirken sich negativ auf die Qualität des Fleisches aus. Deshalb achten gute Züchter darauf, dass die Tiere vor der Schlachtung nur kurze Transportwege haben. Falls sich längere Wege dennoch nicht vermeiden lassen, wird den Tieren genügend Zeit gegeben, sich nach dem Transport wieder zu beruhigen. In der Regel sind dies ein bis zwei Tage.

Reifung

Die Reifung von Fleisch, speziell diejenige von Rindfleisch, hat zwei Gründe. Zum einen wird das Fleisch durch die Reifung zarter, zum anderen findet darüber hinaus bei der Reifung an der Luft, die man auch als Reifung am Knochen bezeichnet, eine geschmackliche Weiterentwicklung statt.

Es gibt zwei Methoden zur Reifung von Fleisch. Heute wird fast ausschließlich das Reifen im Vakuum angewendet. Vereinzelt lässt man das Fleisch auch an der Luft reifen. Im englischen Sprachraum spricht man von *wet-aging* und *dry-aging*.

Reifen im Vakuum

Beim Reifen im Vakuum werden die einzelnen Teilstücke nach der Zerlegung luftdicht vakuumiert und danach kontrolliert gekühlt gelagert.

Durch das Aufbrechen der Eiweißenzyme wird das Fleisch zarter. Studien zeigen, dass dieser Prozess bei einer Lagertemperatur von + 2 °C nach 28 Tagen abgeschlossen ist. Verzehrt man das Fleisch also vor dem 28. Tag, hat es noch nicht die Zartheit erreicht, die möglich wäre. Wird es länger als 28 Tage gereift, hat das keinerlei Auswirkung im Hinblick auf die Zartheit. Die kontrollierte Verwesung des Fleisches geht weiter bis zu dem Zeitpunkt, an dem es für den menschlichen Verzehr nicht mehr geeignet ist. Der Produzent belegt das Fleisch, das in der ursprünglichen Vakuumverpackung und unter Einhaltung der Kühlkette gelagert wird, in der Regel mit einem Mindesthaltbarkeitsdatum von drei Monaten. Da die Reifung sehr stark von der Temperatur und vom Kontakt mit der Luft abhängt, verkürzt sich das Datum sehr schnell, wenn es aus dem Vakuum genommen oder beispielsweise in Verkaufstheken bei höheren Temperaturen gelagert wird. Im Vakuum gereiftes Fleisch ist somit auf seinem Zenit, wenn es etwa einen Monat optimal gelagert wurde.

Reifen an der Luft/Reifung am Knochen

Aufwändiger ist die Reifung nach traditioneller Methode, die man anwendete, als es das Verfahren des Vakuumierens noch nicht gab.

Ganze Rinderhälften oder zumindest die aus dem Rücken stammenden Edelteile werden kontrolliert gekühlt in Kammern an der Luft abgehangen. Heute wird dieses Verfahren, wenn es überhaupt noch praktiziert wird, nur mit dem Rückenstrang durchgeführt, der Roastbeef, Filet und Ribeye beinhaltet.

Für das Dry-aging sind heute insbesondere erstklassige US-amerikanische Steakhäuser bekannt, die in eigenen Reifekammern Ribeye, T-Bone, Porterhouse und Shell Steaks reifen. Im Vergleich zur Reifung im Vakuum hat dieses Verfahren für den Produzenten etliche Nachteile, dem Fleischliebhaber beschert es allerdings einen entscheidenden Vorteil.

Die Nachteile

Es sind größere Kühlraumkapazitäten notwendig: Im Vakuum gelagertes Fleisch kann in Kisten verpackt gestapelt werden. Dies ist während der Luftreifephase nicht möglich, da die Luft frei um das Fleisch zirkulieren muss.

Abhängig von der Luftfeuchtigkeit in der Reifekammer trocknet die Außenfläche des Fleisches aus und setzt bei höherer Luftfeuchtigkeit Schimmel an. Es handelt sich zwar um gutartigen Schimmel – der Geruch in einer solchen Kammer erinnert sehr stark an Käseschimmel –, aber vor Verzehr und damit vor Verkauf muss das ausgetrocknete und verschimmelte Fleisch abgeschnitten bzw. pariert werden, wodurch sich der Fleischertrag reduziert. Verkaufsfähig bleiben nur 50 bis 70 Prozent des ursprünglichen Gewichtes. Umgerechnet auf den Verkaufspreis gibt es nur eine geringe Anzahl von Genussmenschen, die bereit sind, diesen höheren Preis zu bezahlen. Somit eignet sich dieses Verfahren nicht für den Massenmarkt.

Der Vorteil

Für den Fleischliebhaber eröffnen sich mit Fleisch, das an der Luft gereift ist, völlig neue Geschmackswelten. Das Fleisch bekommt einen intensiven Geschmack mit einer süßlichen Note. Wenn es darum geht, den optimalen Reifezeitpunkt zu bestimmen, scheiden sich die Geister. Dieser ist abhängig von der gewünschten Intensität des Geschmacks, von Saftigkeit und Zartheit.

Bei der Reifung des Fleisches an der Luft stellen sich zwei Effekte ein. Zum einen nimmt abhängig von der Reifungsdauer der Geschmack zu, zum anderen verliert das Fleisch aber auch Flüssigkeit – es trocknet aus. Dies hat zur Folge, dass das Fleisch, je länger es reift, einen umso festeren Biss bekommt. Würde man die Reifung des Fleisches über Monate bis Jahre verlängern, erhielte man einen luftgereiften Schinken.

In den USA, wo das Dry-aging wesentlich populärer ist, steht der Geschmack an erster Stelle. Das bedeutet, ein festerer Biss bei einen Stück Fleisch wird nicht als Nachteil empfunden. Für den Deutschen steht die empfundene Zartheit des Fleisches an erster Stelle, somit verzichtet man lieber auf etwas Geschmack, wenn man dadurch ein zarteres, saftigeres Stück erhält.

Die erfolgreichen Anbieter von luftgereiftem Fleisch auf dem deutschen und europäischen Markt bieten somit in der Regel Fleisch an, das 21 Tage gereift ist. In den USA kann sich dieser Zeitrahmen schon einmal bis auf 56 Tage erhöhen.

Herkunft und Aufzucht

Dem modernen Verbraucher wird es immer wichtiger zu wissen, woher die Lebensmittel stammen, die er konsumiert. Das gilt insbesondere beim Fleisch.

Bei der Vielzahl an Skandalen um Gammelfleisch, das Aufzeigen von Mißständen bei der Aufzucht, auf die Tierschutzorganisationen oder auch die Slow Food Bewegung immer wieder aufmerksam machen, ist dieser Bewusstseinswandel nicht verwunderlich.

Wir Menschen sind seit zehntausenden von Jahren Fleischesser, aber aus ethischen Gründen sind immer mehr Verbraucher sensibilisiert, wenn es um artgerechte Tierhaltung und die Vermeidung von Leiden bei der Haltung, beim Transport und bei der Schlachtung geht. Gerade in diesem Kontext ist die Rückkehr zum regionalen Produkt immer wichtiger. Bilder von Massentierhaltung, die häufig in den Medien gezeigt und angeprangert werden, machen deutlich, dass der Verbraucher durchaus darauf Einfluss nehmen kann, welches Fleisch angeboten wird.

Nur die wenigsten Verbraucher haben das Glück, dass die beste Qualität an Rindfleisch direkt vor der Haustüre angeboten wird. Bis auf Irland gibt es in Europa keine ausgewiesene Rinderzuchtnation, die für sehr gute Fleischqualitäten steht. So wird es auch zukünftig ein Faktum sein, dass der Fleischliebhaber, wenn er bestes Fleisch will, nicht regional sondern global einkaufen muss. Deshalb brauchen wir den Händler oder Metzger, dem wir vertrauen und der uns aufzeigen kann, dass unsere Vorstellungen von Herkunft und artgerechter Haltung bei dem Fleisch, das wir essen, umgesetzt sind.

Frisches oder gefrorenes Fleisch

Qualität bedeutet auch, dass das sorgsam produzierte Fleisch in einem optimalen Zustand beim Steakliebhaber ankommt. Durch die Weiterentwicklung des Schockfrostverfahrens in den letzten Jahren gibt es eine Alternative zu frischem Fleisch. Die Amerikaner bezeichnen dieses Fleisch als fresh-frozen, frisch eingefroren, oder freier übersetzt: Fleisch, das zum optimalen Reifezeitpunkt schockgefrostet wurde, mit dem Ziel, die beste Qualität des Fleisches zu versiegeln. Gerade beim Rindfleischsteak kann so gewährleistet werden, dass der Konsument es nach einer optimalen Reifezeit verzehren kann, die immer abhängig ist vom Reifeverfahren.

In der Vergangenheit wurde gefrorenes Fleisch prinzipiell schlechter eingestuft als frisches Fleisch. Diese Entscheidung hatte früher auch Ihre Berechtigung, weil die Technik des Einfrierens unzureichend war. Gefrieren Produkte zu langsam, bilden sich im Gewebe große Eiskristalle, die die Zellen zerstören. Dadurch tritt beim Auftauen viel Flüssigkeit aus, wodurch das Fleisch dann beim Braten schnell trocken wird. Außerdem können sich in den beschädigten Zellen Bakterien und Keime rascher ausbreiten.

Beim Schockfrostverfahren gefriert das Produkt so schnell, dass die Eiskristallbildung soweit reduziert wird, dass es keine Qualitätseinbußen mehr gibt. Zu beachten ist dann nur noch, dass das Fleisch richtig aufgetaut wird. Dies muss langsam bei niedriger Temperatur im Kühlschrank geschehen. Bei zu schnellem Auftauen, beispielsweise bei Zimmertemperatur, bilden sich wieder Eiskristalle, die dann die Zellen mit den negativen Begleiteffekten beschädigen.

Heute kann man folgende Entwicklung beobachten:
Die Wahrscheinlichkeit, mit der Fleisch schockgefrostet angeboten wird, ist umso größer, desto höherwertiger das Fleisch ist.

Bezugsquellen

Dem Steakliebhaber bieten sich mittlerweile grundsätzlich zwei Bezugsquellen:

• **Qualitativ hochwertiges Fleisch aus der Region** kauft man beim Metzger seines Vertrauens. Dieser kann hoffentlich die meisten Fragen bezüglich der Kriterien, die für die Qualität des Fleisches verantwortlich sind, zufriedenstellend beantworten. Mancherorts findet sich auch eine Bezugsquelle direkt beim regionalen Züchter.

• **Für international anerkannte Spitzenqualitäten** gibt es heute Versender, die unter Wahrung der Kühlkette Fleisch für den Kenner und Gourmet nach Hause verschicken. Genau wie bei der Auswahl einer regionalen Bezugsquelle sollte man natürlich auch bei den Versendern darauf achten, dass die oben genannten Kriterien plausibel nachvollzogen werden können.

Alle Qualität hat natürlich ihren Preis und prinzipiell gilt, je höher die Qualität, desto höher der Preis. Da sich nur wenige Konsumenten beste Qualitäten jeden Tag leisten können – oder auch wollen –, empfiehlt sich das Motto „Weniger ist mehr" oder „Fleisch esse ich nicht jeden Tag, aber wenn, dann leiste ich mir auch gutes Fleisch".

Schnitte

Mit Rindersteaks werden alle Fleischstücke eines Rindes umschrieben, die sich zum Kurzbraten eignen. Voraussetzung für das Kurzbraten ist, dass das Fleisch bei relativ kurzer Zufuhr von Hitze zart genug wird, damit einem genussvollen Verzehr nichts im Wege steht.

Welche Schnitte dafür in Frage kommen, hängt von der Qualität des Fleisches ab. Ist die Fleischqualität des Rindes besonders schlecht, eignet sich nur das Filet. Wenn die Fleischqualität dagegen hoch und das Fleisch optimal gereift ist, können auf einmal Stücke als Steak verwendet werden, die ansonsten als Kochfleisch oder für die „Wurst" vorgesehen waren.

So ist es zu erklären, dass man in den USA, als einer der führenden Rindfleisch produzierenden Nationen, wesentlich mehr Schnitte auf der Steakkarte findet als in Deutschland. Wird man hierzulande nach einem guten Steak gefragt, wird meist nur Filet angeboten.

Neben der Zartheit und dem Zuschnitt eines Fleischstückes, das sich als Steak eignet, ist der Geschmack natürlich auch ein wichtiges Auswahlkriterium für das individuell perfekte Steak. Es gibt Zuschnitte, die intensiver nach Fleisch schmecken als andere. Die Intensität des Geschmackes ist abhängig von der Marmorierung und der Lage. So schmeckt das Entrecôte mit dem Fettauge kräftiger als das wenig marmorierte Filet, und der Nierenzapfen aus dem Bauchinnenraum schmeckt intensiver als das Roastbeef.

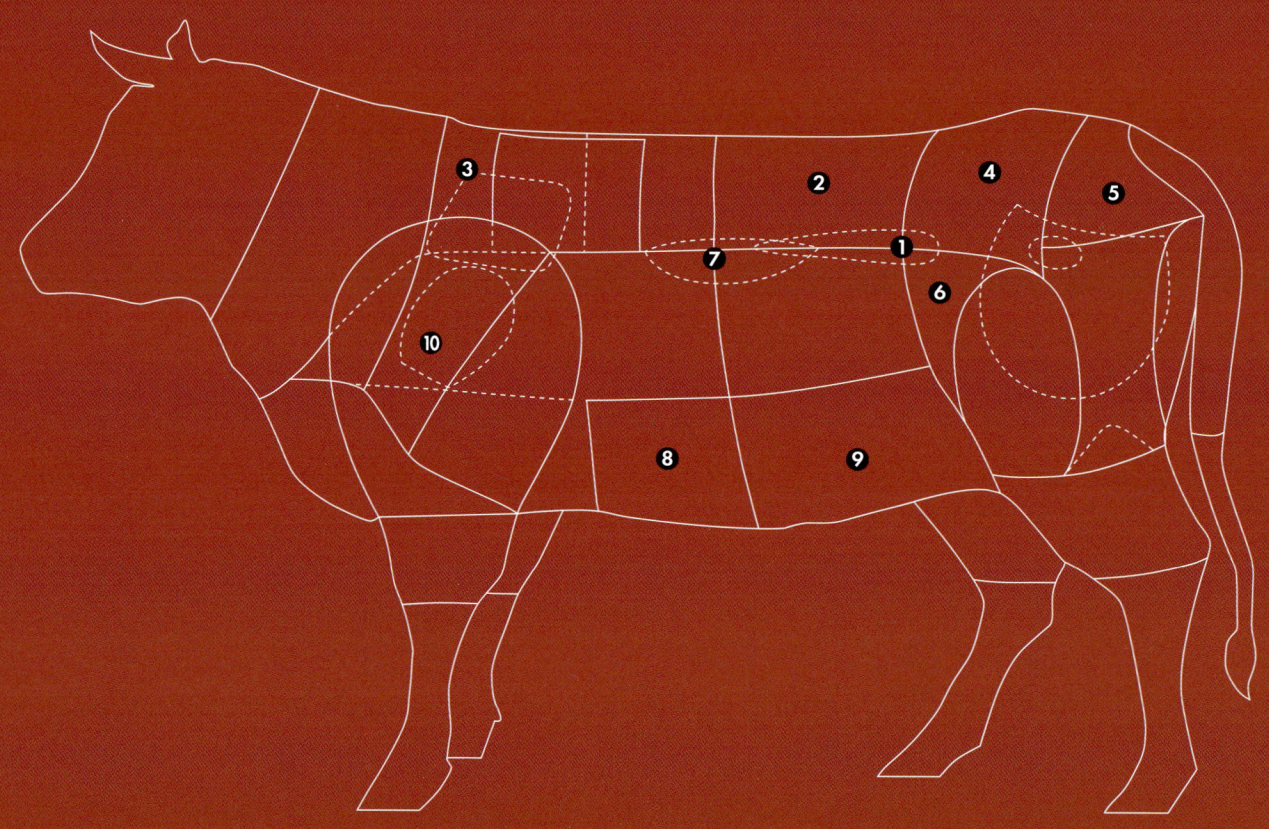

1	Filet	6	Bürgermeisterstück
2	Roastbeef, T-Bone, Porterhouse	7	Hanging Tender
3	Entrecôte	8	Skirt Steak
4	Steakhüfte	9	Flank Steak
5	Hüftdeckel	10	Schaufelstück

—————— außenliegende Teilstücke

- - - - - - - darunterliegende Teilstücke

Neben der Qualität des Fleisches an sich, die die Zartheit bestimmt, kann die Präsentation des Steaks Einfluss haben auf die empfundene Zartheit. So gibt es Stücke, die als ganzes Steak serviert werden, und es gibt Stücke, die vor dem Servieren in Scheiben aufgeschnitten werden. Diese sind dann leichter zu beißen und werden so auch noch als angenehm zart empfunden, obwohl sie auf der Zartheitsskala bei den meisten Genießern durchfallen würden, serviert man sie als Ganzes.

Bei einem Tier gibt es Muskeln, die zarter sind als andere, denn je weniger ein Muskel während der Lebenszeit des Tieres beansprucht wurde, desto feiner ist die Faser und desto zarter ist der gesamte Muskel. Diese Erkenntnis hat bei einigen japanischen Züchtern von Kobe Rindern dazu geführt, dass sie ihre Tiere mit Schlingen leicht anheben, damit die Muskeln insgesamt weniger beansprucht werden.

Bei artgerechter Aufzucht und Haltung liegen die größten Muskeln beim Rind, die von Natur aus nicht so stark beansprucht werden, im Rücken. Entrecôte, Roastbeef und das im Rücken innenliegende Filet werden einer deutlich geringeren Belastung ausgesetzt als die Schulter-, Brust- und Beinbereiche, die beim Laufen permanent in Bewegung sind.

Beim Kauf oder beim Selbstzuschneiden von Steaks sind zwei Dinge zu beachten, um ein gutes Garergebnis zu erreichen:

- Zum einen sollten die Steaks, wenn es das Ausgangsprodukt zulässt, mindestens 2 cm dick sein. Damit dauert die Garzeit zwar länger als beim dünn geschnittenen Steak, die Chance, dass das Fleisch die gewünschten Röstaromen und den optimalen Garzustand erreicht, ist aber wesentlich größer.

- Zum anderen ist darauf zu achten, dass die Steaks gleichmäßig dick geschnitten sind, damit sie auch gleichmäßig garen können und das Steak an jedem Punkt den gewünschten Garzustand aufweist.

Die sogenannten Premiumschnitte und ihre Bezeichnungen in Deutschland, Österreich und den USA:

Bei der Benennung der Schnitte muss man beachten, dass es häufig regionale Unterschiede und Varianten gibt. Auf den folgenden Seiten wurden die geläufigsten Bezeichnungen verwendet.

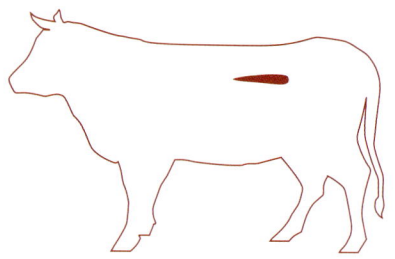

Filet/Lungenbraten/Tenderloin

Das Filet ist der zarteste Muskel. Er gehört zur Rückenmuskalutur, wird aber kaum beansprucht. Das Filet ist fein marmoriert und hat einen weniger intensiven Fleischgeschmack. Aus dem Filet werden Medaillons geschnitten. Typische Größen sind 120 g, 160 g und 240 g. Die kleineren Größen heißen in der Steakhouse-Sprache auch Lady Cut. Im Englischen wird das Filet Tenderloin genannt, die Österreicher nennen es Lungenbraten.

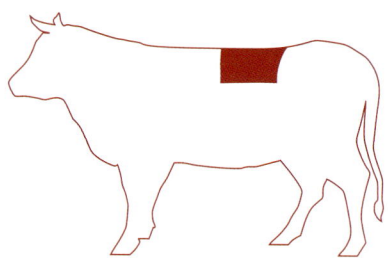

Roastbeef/Beiried/Striploin

Das Roastbeef ist der hintere Muskelteil des Rückenstranges. Es liegt zwischen dem Entrecôte und der Hüfte. Aus dem Roastbeef werden die Rumpsteaks geschnitten. Die Steaks haben eine ovale Form und zeichnen sich durch einen Fettdeckel aus. Das Rumpsteak hat einen mittelkräftigen Fleischgeschmack. Typische Größen sind 250 g, 300 g und 400 g. Das etwas flachere, zur Hüfte angrenzende Stück wird je nach Region in Süddeutschland auch Lendenbraten oder Lende bezeichnet. In den USA wird das Roastbeef Striploin genannt, in Steakhäusern findet sich das daraus geschnittene NY Strip Steak oder auch Kansas Steak. Mit Knochen heißt es in den USA auch Shell Steak. In Österreich heißt das Roastbeef Beiried.

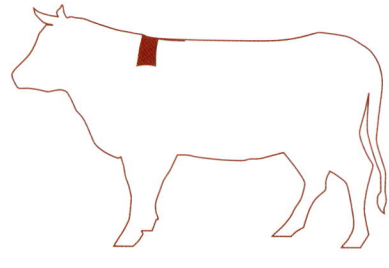

Entrecôte, Hohe Rippe/Hinteres Ausgelöstes/Ribeye

Das Entrecôte ist der vordere Teil des Rückenstranges, der nach hinten an das Roastbeef angrenzt und vorne an den Nacken oder an das Zungenstück, wie es in der Fachsprache genannt wird. Das Entrecôte hat einen Fettkern, der auch als Fettauge bezeichnet wird. Aufgrund der hohen Marmorierung ist das Entrecôte von den Premiumschnitten das geschmacksintensivste Steak. Das Entrecôte hat eine ovale bis runde Form. Typische Steakgrößen sind 250 g, 300 g und 400 g. Gerne wird das Entrecôte auch im Ganzen zubereitet. Das Entrecôte wird auch Hohe Rippe genannt. In den USA ist der Begriff für das Entrecôte Ribeye. In Österreich nennt man es Hinteres Ausgelöstes. Das Ribeye mit Knochen wird in den USA oftmals Cowboy Steak genannt. Das Ribeye im Ganzen mit Knochen bezeichnet man als Ribeye Roast, es ist der klassische Festtagsbraten.

T-Bone

Das T-Bone Steak hat seinen Namen, weil es mittig einen T-förmigen Knochen hat, der das Roastbeef vom Filet unterteilt. Das T-Bone hat somit zwei Muskelstücke: Roastbeef und Filet. Es hat einen kleinen Filetanteil, der aus dem flachen Teil des Filets, bzw. der Filetspitze geschnitten wird. Typische Größen für T-Bones sind 600 g bis 800 g. In Süddeutschland wird das T-Bone auch Porterhouse genannt. Ansonsten ist die Bezeichnung T-Bone weitestgehend üblich.

Porterhouse

Das Porterhouse ist der große Bruder des T-Bone Steaks. Es wird aus dem Teil des Rückens geschnitten, bei dem das Filet einen größeren Durchmesser hat. Typische Größen sind 750 g bis 900 g. In Süddeutschland wird das Porterhouse auch T-Bone genannt. Das Porterhouse ist das klassische Stück der amerikanischen Steakhäuser. Es wird meist in eigenen Reifekammern an der Luft gereift. Die Bezeichnung Porterhouse ist weitestgehend üblich. In Oberitalien ist der Zuschnitt auch als Bistecca alla Fiorentina bekannt.

Weitere bekannte Steakschnitte:

Steakhüfte, Hüftfilet/Hüferscherzel, Hüftzapfen/ Sirloin, Sirloin Filet Steak

Die Steakhüfte befindet sich im Hinterviertel und schließt an das Roastbeef an. Der sehr magere Schnitt besteht aus zwei Muskeln: aus dem Kern der Hüfte und aus dem zarteren Filet der Hüfte. Aus dem Kern der Hüfte werden ovale Steaks, aus dem Filet der Hüfte Medaillons geschnitten. Obwohl die Steakhüfte sehr mager ist, hat sie einen intensiveren Fleischgeschmack als das Filet. Typische Größen sind 200 g bis 300 g. Die Hüftfilet-Medaillons sind mit 150 g bis 200 g etwas leichter. In den USA werden aus der Steakhüfte die Sirloin Steaks bzw. die Sirloin Filet Steaks geschnitten. In Österreich wird der Kern der Hüfte Hüferscherzel und das Hüftfilet Hüftzapfen genannt.

Auch die folgenden Schnitte eignen sich
bei optimaler Fleischqualität zum Kurzbraten:

Hüftdeckel/Tafelspitz/Sirloin Cap Steak

Der Hüftdeckel liegt auf der Steakhüfte auf. Dieses etwa 1,2 kg schwere Stück kennt man unter dem Namen Tafelspitz aus der Wiener Küche. In Südamerika wird es Picanha genannt. Dieses geschmacklich ausgereifte Stück hat einen Fettdeckel. Der Muskel ist weniger stark marmoriert. Typische Größen für die aus dem Hüftdeckel geschnittenen Steaks sind 200 g bis 300 g. In den USA trägt es die Bezeichnung Sirloin Cap Steak.

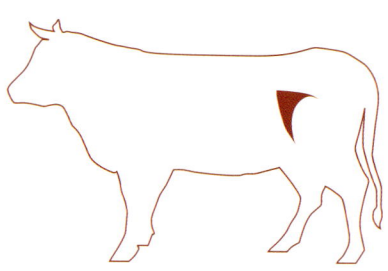

Bürgermeisterstück/Hüferschwanzel/Tri Tip

Das Bürgermeisterstück liegt im innenliegenden Bereich der Hüfte. Dieses stark marmorierte Stück ist sehr saftig und geschmackvoll. Aufgrund der dreieckigen, eher flachen Form des Bürgermeisterstücks werden die Steaks als Pavets geschnitten. Pavets sind rechteckige, längliche Stücke mit einem typischen Gewicht von 80 g bis 120 g. Das Bürgermeisterstück wird auch Pastorenstück genannt. In den USA ist die Bezeichnung Tri Tip, in Österreich wird es Hüferschwanzel genannt.

Schaufelstück/Schulterscherzel/Flat Iron

Das Schaufelstück ist auch aus der Wiener Küche bekannt: als Schulterscherzel. Als hervorragendes Schmorstück wird es in den USA seit einigen Jahren als Flat Iron Steak verkauft. Das Schaufelstück besteht aus zwei Muskeln, die durch eine Sehne/Gallerte getrennt werden. Teilt man nun das Stück an der Sehne/Gallerte und enfernt diese, erhält man zwei Steaks, die die Form eines flachen Bügeleisens haben. Daher der Name Flat Iron Steak. Typische Größen für das Steak sind 150 g bis 250 g.

Die Könige des Geschmacks und ihre Bezeichnungen in den USA, in Deutschland und in Österreich:

Bei den folgenden drei Schnitten handelt es sich um amerikanische Zuschnitte. Sie werden in den USA kurz gebraten, während sie sowohl in Deutschland als auch in Österreich meist als Schmor- oder Kochfleisch verwendet werden.

Flank Steak/Hose, Rinderlappen/Rinderlappen

Das Flank Steak ist bekannt aus der US-amerikanischen Steakhouse Küche. In Deutschland wird dieses flache Stück als Hose oder auch Rinderlappen bezeichnet. Es befindet sich im hinteren Teil der Flanke und ist als Steakzuschnitt eigentlich zu grobfasrig. Das magere Flank Steak wird aufgrund seines ausgeprägten Geschmacks geschätzt, der auch eine Marinade verträgt. Das Flank Steak gelingt am besten, wenn es medium rare zubereitet und zum Servieren dünn gegen die Faser aufgeschnitten wird. In Österreich wird es als Rinderlappen bezeichnet. Ein weiteres Stück aus dem hinteren Rinderlappen ist das sogenannte Flap Steak. Wegen seiner flachen, fächerartigen Form wird es zumeist in Streifen geschnitten. Das Fleisch ist sehr stark marmoriert und damit geschmacksintensiv und saftig. Eine eigene deutsche Bezeichnung gibt es für dieses Teilstück nicht. In Frankreich wird es Bavette Aloyau genannt.

Skirt Steak/Saumfleisch/Kronfleisch

Das Skirt Steak hilft, den Bauch des Rindes zusammenzuhalten. Es handelt sich um ein sehr stark marmoriertes, dünnes Stück. In Mexiko ist es das klassische Stück für Fajitas. Wie das Flank Steak ist das Skirt Steak sehr geschmacksintensiv und wird in der Regel mariniert. Das Skirt Steak gelingt am besten, wenn es medium rare zubereitet und zum Servieren dünn aufgeschnitten wird. In Deutschland wird es als Saumfleisch bezeichnet, in Österreich nennt man es Kronfleisch.

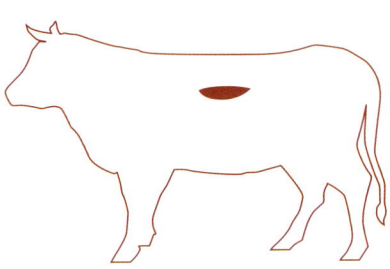

Hanging Tender/Nierenzapfen/Herzzapfen

Das Hanging Tender liegt in der Brusthöhle zwischen den beiden Nierenstollen. In den US-amerikanischen Steakhäusern wird es als Hanger Steak serviert. Das geschmacksintensive Hanging Tender wird im Ganzen zubereitet und vor dem Servieren in Tranchen geschnitten. Typische Gewichte sind 400 g bis 600 g. Auch hier ist die beste Garstufe medium rare. In Deutschland ist die Bezeichnung für das Hanging Tender Nierenzapfen, in Österreich ist es der Herzzapfen. Wesentlich bekannter ist das Hanging Tender in Frankreich. Hier hat es die Bezeichnung Onglet.

Die richtige Zubereitung

Steaks sollen zart und saftig sein und eine leckere Kruste mit Röstaromen haben. In erster Linie werden Steaks gebraten, damit sie besser schmecken und zarter werden. Damit dies gelingt, sollte man sich an die folgende Vorgehensweise halten, egal, um welches Steak es sich handelt:

1. Richtige Vorbereitung des Steaks

2. Erzeugung von Röstaromen und Garung bis zur gewünschten Garstufe

3. Ruhephase

1. Richtige Vorbereitung des Steaks

Die richtige Vorbereitung des Steaks ist nicht kompliziert, aber die Beachtung einiger weniger Punkte ist wichtig, um ein optimales Ergebnis zu erzielen.

Nehmen Sie das Steak rechtzeitig aus dem Kühlschrank, damit es Zimmertemperatur annehmen kann. Je nachdem, wie dick das Steak geschnitten ist, sollte es mindestens eine Stunde vor dem Braten aus dem Kühlschrank genommen werden. Hat das Steak Zimmertemperatur, wird zum einen erreicht, dass es weniger lange und damit schonender gebraten werden kann. Zum anderen – und dies ist der wichtigere Aspekt – ist das Fleisch unter Hitzeeinwirkung entspannter, was zur Folge hat, dass es zarter wird als Fleisch, das kalt erhitzt wird.

Trocknen Sie das Fleisch gut ab, damit sich die gewünschten Röstaromen bilden können. Ob Sie vor oder nach dem Braten salzen, ist reine Glaubenssache und hat keinerlei Auswirkung auf das Ergebnis. Diejenigen, die es ablehnen, vorher zu salzen, führen zu Recht den theoretischen Nachteil an, dass Salz dem Fleisch Wasser entzieht und das Fleisch damit schneller trocken werden kann. In der Praxis lässt sich dies aber kaum nachweisen.

2. Erzeugung von Röstaromen und Garung bis zur gewünschten Garstufe

Wenn man ein richtig gutes Steak zubereiten will, sind die Röstaromen extrem wichtig. Für die Bildung dieser Röstaromen ist die Maillard-Reaktion verantwortlich. Vereinfacht erklärt versteht man darunter einen Vorgang, bei dem sich unter Einwirkung von trockener Hitze der im Fleisch enthaltene Zucker und die Proteine miteinander verbinden und neue Stoffe entstehen, die eine leckere, braune Kruste erzeugen. Diese Reaktion findet nicht nur bei Fleisch statt, sondern bei allen anderen Brat- und Backvorgängen, bei denen eine Kruste entsteht, so z. B. auch beim Brotbacken. Dieser natürliche Prozess wird manchmal von Köchen noch verstärkt, indem sie das Fleisch vor dem Braten mit Zucker bestreuen. Die trockene Hitze muss über 120 °C liegen, dann setzt die Maillard-Reaktion immer ein, egal, ob man grillt, die Pfanne oder den Ofen benutzt. Amerikanische Steakhäuser haben die Bildung von Röstaromen mit Hochleistungsgasöfen perfektioniert, die bis zu 1200 °C erreichen. Wie stark das Steak geröstet sein soll, entscheidet jeder für sich selbst. In Deutschland mag es der Steakesser in der Regel knusprig braun, aber nicht schwarz. Die Amerikaner lieben es da schon kräftiger und bevorzugen eher eine dunkelbraune Farbe mit einem Anflug von Verkohlung. Als Zubereitungsverfahren der Extreme kennen die Amerikaner den sogenannten Pittsburg Style: außen schwarz und innen roh.

Garpunkte

Mit Garpunkt wird ein Zustand
bezeichnet, den das Fleisch abhängig
von der Kerntemperatur und der
Farbe beim Aufschneiden annimmt.
Dabei wird gewöhnlich zwischen
sechs Garstufen unterschieden:

very rare/englisch

Die Kerntemperatur liegt zwischen
46 °C und 51 °C.

Die Fleischfarbe ist rot und hat sich im Kern
zum Rohzustand nicht verändert.

rare

Die Kerntemperatur liegt zwischen
51 °C und 54 °C.

Die Fleischfarbe ist rot und hat sich im Kern
zum Rohzustand nicht verändert.

medium rare

Die Kerntemperatur liegt zwischen
54 °C und 60 °C.

Die Fleischfarbe ist ein etwas helleres Rot.

medium

Die Kerntemperatur liegt zwischen
60 °C und 65 °C.

Die Fleischfarbe ist rosa und das Fleisch ist
halb durchgebraten. Medium ist der Standard-
Garpunkt für den deutschen Gaumen.
Wird es nicht anders vorgegeben, serviert die
Gastronomie Steaks in dieser Garstufe.

medium well

Die Kerntemperatur liegt zwischen
65 °C und 73 °C.

Die Fleischfarbe liegt zwischen rosa und grau.

well done

Die Kerntemperatur liegt zwischen
74 °C und 85 °C.

Die Fleischfarbe ist grau.

Grundsätzlich gilt die Regel: Je länger Fleisch gebraten wird, desto mehr Flüssigkeit wird ihm entzogen und desto trockener wird es. Möchte man also ein saftiges Steak haben, sollte spätestens bei der Garstufe medium Schluss sein.

Eingebürgert hat sich für Steaks im very rare-, rare- oder auch medium rare-Zustand der Begriff, dass das Fleisch „blutig" ist. Dies schreckt viele Menschen ab. Denn wer möchte schon gerne Blutiges essen. Bei der Flüssigkeit, die auch bei falscher Zubereitung austritt, handelt es sich allerdings nicht um Blut, sondern um Fleischsaft. Blut fließt durch Adern, und diese werden bei der Schlachtung vollkommen entleert. Der Fleischsaft kommt aus den Muskelzellen. Wie man vermeidet, dass das Steak beim Anschneiden trotz einer „rare-Stufe" nicht im eigenen Saft schwimmt, wird im Abschnitt Ruhemethoden erklärt.

Bei der Zubereitung von Steaks bietet es sich an, mit zwei Temperaturzonen zu arbeiten. Hohe Hitze zur Entwicklung einer braunen Kruste (Maillard-Reaktion), niedrige Hitze idealerweise unter 120 °C zum Fertiggaren bis zum gewünschten Garpunkt.

Gerade bei dickeren Steaks, die länger benötigen, um auf den Punkt zu garen, kann ein zu langes Verweilen bei hoher Hitze dazu führen, dass das Steak von außen verbrennt. Nimmt man das Steak, wenn die gewünschten Röstaromen vorhanden sind, von der Hitze, kann es ohne Maillard-Effekt weiter garen.

Dieses Zweistufen-Verfahren kann unterschiedlich ablaufen und auch mit unterschiedlichen Geräten durchgeführt werden. Es wird unterschieden nach dem sogenannten **Vorwärtsgarverfahren** und dem **Rückwärtsgarverfahren**. Beim Vorwärtsgarverfahren wird das Steak zuerst geröstet und danach bei niedriger Hitze fertig gegart. Beim Rückwärtsgarverfahren wird es zuerst bei niedriger Hitze auf die gewünschte Kerntemperatur gebracht und dann werden bei hoher Hitze die Röstaromen erzeugt.

Klassische Gerätekombinationen für die beiden Verfahren sind:

Pfanne und Ofen: Röstaromen werden in der Pfanne erzeugt. Wenn dies in der Pfanne geschieht, benutzen Sie hitzebeständiges Öl, geklärte Butter oder Tierfett, also Fette, die nicht verbrennen. Die gewünschte Kerntemperatur wird im Ofen bei niedriger Temperatur (z. B. 100 °C) erreicht.

Ein bzw. zwei Grills: Entweder kann man einen Grill so steuern, dass es eine Zone mit hoher Temperatur und eine Zone mit niedriger Temperatur gibt. Alternativ arbeitet man mit zwei Grills.

Sous Vide und Pfanne oder Grill: Neu in Mode gekommen ist das Sous Vide-Verfahren. Dabei wird das Steak vakuumiert und bei einer konstant geringen Wassertemperatur, die der gewünschten Kerntemperatur entspricht, erwärmt. Ist die Temperatur erreicht, kann man dem Steak in der Pfanne oder auf dem Grill die Röstaromen zufügen. Der Vorteil des Sous Vide-Verfahrens ist, dass das Fleisch „stressfrei" die Kerntemperatur erreicht. „Stressfrei" für das Fleisch selbst, weil nur ein sehr geringer Temperaturunterschied zwischen Zimmertemperatur und Kerntemperatur langsam überbrückt wird und auch „stressfrei" für den, der es zubereitet, weil das Steak gefahrlos stundenlang im Wasserbad liegen kann, denn durch die konstante Temperatur des Wasserbades kann die gewünschte Kerntemperatur nicht überschritten werden.

Methoden zur Feststellung der Kerntemperatur

Die sicherste, aber auch aufwändige Methode ist das Messen der Kerntemperatur mit einem **Thermometer**. Sicher ist das Verfahren, weil Zahlen ganz einfach nicht lügen. Allerdings ist diese Art der Messung auch sehr aufwändig, denn sie kann nicht direkt über der Hitzequelle durchgeführt werden.

Auch bei den besten Thermometern muss berücksichtigt werden, dass sie bis zum 10-fachen des Durchmessers der Einstechnadel ins Fleisch geschoben werden müssen, damit man ein genaues Messergebnis erhält. Dies ist in der Regel nur praktikabel, wenn man das Thermometer von der Seite einsticht. Außerdem muss man berücksichtigen, dass die

Messzeit immer mehrere Sekunden beträgt. Wenn man nicht gerade zu den ganz hart Gesottenen gehört, kann es gerade bei dünneren Stücken, die schon mit dem Erzeugen der Röstaromen auf hoher Hitze gleichzeitig die gewünschte Kerntemperatur erreichen, schmerzhaft werden. Man muss das Fleisch zur Ermittlung der Temperatur also von der Hitze herunternehmen. Weniger problematisch ist es natürlich, wenn die Steaks dicker sind und im empfohlenen Zweistufenverfahren zubereitet werden, da die Temperaturmessung dann in der niedrigeren Temperaturzone stattfindet.

Nichtsdestotrotz ist das Thermometer die sicherste Methode, und deshalb ist es empfehlenswert, ein solches im Hause zu haben. Beim Kauf sollte man darauf achten, dass der Einstechfühler möglichst dünn ist, damit das Loch durch das Einstechen möglichst unsichtbar bleibt. Außerdem muss man dann auch nicht zu tief einstechen, um eine genaue Messung zu erreichen.

Wer genügend Muße zum Üben hat, kann die **Fingerdruckmethode** ausprobieren. Hierbei drücken Sie mit Ihrem Zeigefinger auf die Mitte des Steaks. Je fester sich das Fleisch anfühlt, desto weiter ist der Garzustand. Rohes Fleisch fühlt sich weich an und gibt ohne Druck nach. Dies entspricht der Garstufe rare. Sobald Sie einen Hauch der Veränderung zum weichen Ausgangszustand feststellen, geht das Fleisch in die Garstufe medium rare über. Gibt das Fleisch nach, federt aber leicht zurück, ist es medium. Federt es beim Drücken langsam zurück, ist es medium well. Fühlt es sich fest an und federt nicht mehr, ist es well done.

Eine weitere Methode verrät, wann das Steak medium rare ist. Bei normaler Steakdicke von zwei Zentimetern wird das Steak auf einer Seite etwa vier Minuten angebraten. Wenn man es dann wendet, schaut man sich die schon gebratene Oberseite des Steaks genau an. Tritt an dieser Oberseite Fleischsaft aus, dann ist das Steak medium rare.

Die Frage, wie oft man ein Steak wenden sollte, ist schnell beantwortet: Es sollte nur einmal gewendet werden, damit man ein gleichmäßigeres Bratergebnis erzielt. Ein häufiges Umdrehen verlängert die Bratzeit nur unnötig.

Beachten Sie bei der Messung des Garpunktes, dass das Steak noch Ruhen muss und sich die Kerntemperatur dadurch abhängig von der Dicke des Steaks um 1 bis 3 °C erhöhen kann.

3. Ruhephase

Das Steak besteht wie jedes Fleisch überwiegend aus Flüssigkeit. Durch die Erhitzung wird die Flüssigkeit von der Hitze weg in die Fleischmitte gedrückt. Dadurch entsteht ein Überdruck, der sich beim Anschneiden des Fleisches entlädt. Der Überdruck kann teilweise so stark sein, dass der Fleischsaft förmlich aus dem Steak herausspritzt, wenn man z. B. mit einer Gabel hineinsticht. (Was man übrigens nicht tun sollte. Stattdessen dreht oder transportiert man das Fleisch besser mit einer Zange.)

Um dies zu vermeiden, soll das Fleisch vor dem Anschneiden ruhen. Ruhen bedeutet, dass das Fleisch für mehrere Minuten warm gehalten wird, bevor man es anschneidet. In dieser Zeit verteilt sich der vorher gepresste Fleischsaft wieder gleichmäßig im Steak. Der Druck wird abgebaut und der Saft ist wieder da, wo er auch vorher war. Wird das Steak nun angeschnitten, läuft idealerweise kein Fleischsaft aus. Je länger das Fleisch ruhen kann, desto weniger Flüssigkeit tritt beim Anschnitt aus.

Für das Warmhalten während des Ruhens muss beachtet werden, dass das Steak nicht weiter garen soll. Die Temperatur muss also unter dem gewünschten Garpunkt liegen. Auf der anderen Seite sollte die Umgebung so warm sein, dass das Fleisch nicht auskühlt.

Eine einfache Methode ist das Einwickeln in Aluminiumfolie, wodurch das Fleisch isoliert und damit ein Auskühlen umgangen wird. Wenn man die Steaks dann später auf vorgewärmten Tellern anrichtet, verhindert man, dass das Fleisch zu schnell auskühlt und gerade große Steaks länger warm bleiben.

REZEPTE

Alle Rezepte sind für
vier Personen berechnet.

Zubereitung
in der Pfanne

ENTRECÔTE

RIBEYE

HOHE RIPPE

„Bifi"-Entrecôte

1000 g	**Entrecôte am Stück**
4	**Bifi (Mini-Salami)**
200 g	**Gouda am Stück**
1 Bund	**Lauchzwiebeln**
2 EL	**Paprika**
1 EL	**Salz**
1 TL	**Kreuzkümmel**
1 EL	**brauner Zucker**
1 TL	**Knoblauchpulver**
1 TL	**Cayennepfeffer**

Den Käse in vier gleich große Streifen schneiden. Die Lauchzwiebeln putzen und auf die Länge des Entrecôtes schneiden. Mit einem spitzen Messer oder einem Wetzstahl 12 Löcher längs durch das Entrecôte stechen. In jedes Loch abwechselnd eine Bifi, einen Streifen Käse und eine Lauchzwiebel stecken. Die Gewürze gut vermischen, das Entrecôte damit einreiben und sechs Stunden im Kühlschrank ziehen lassen. Das Fleisch auf dem heißen Grill unter mehrmaligem Wenden bis zu einer Kerntemperatur von 56 °C grillen. Etwas ruhen lassen und dann in vier gleichmäßig dicke Scheiben schneiden.

Beilagen-Tipp:

Bunter Salat – je nach Jahrezeit und Geschmack

Man kann das Entrecôte auch in einer möglichst schweren gusseisernen Pfanne so lange braten, bis es eine Kerntemperatur von 56 °C erreicht hat.

Entrecôte Surf & Turf mit Jakobsmuschel

4	**Ribeye Steaks, 3 cm dick**
4	**Jakobsmuscheln**
	Abrieb und Saft einer unbehandelten Zitrone
	Salz
	Pfeffer
	Zucker

Die Steaks mit Salz, Pfeffer und etwas Zucker würzen und von beiden Seiten vier Minuten grillen. Die Jakobsmuscheln mit dem Zitronensaft beträufeln und ebenfalls mit Salz, Pfeffer und Zucker würzen. Die Muscheln auf einer Gussplatte maximal eine halbe Minute von jeder Seite grillen. Das Fettauge beim Steak ausstechen und die Jakobsmuschel in das Steak einsetzen. Den Abrieb der Zitrone darüber streuen und servieren.

Beilagen-Tipp:
Grillgemüse, S. 128

 Bei den Steaks gegenüber der Grillzeit jeweils eine Minute pro Seite zugeben, die Muscheln aber nur eine halbe Minute pro Seite braten, damit sie schön glasig bleiben.

Entrecôte japanische Art

4	**Entrecôte Steaks à 250 g**
6 EL	**Sojasauce**
100 ml	**trockener Weißwein**
100 ml	**Sherry**
1 EL	**weißer Balsamico**
2 TL	**Honig**
$\frac{1}{2}$ TL	**Piment, gemahlen**
1 TL	**Ingwerpulver**
1 TL	**schwarzer Pfeffer, gemahlen**
1 TL	**Salz**

Alle Zutaten für die Marinade gut vermischen und die Steaks für 12 Stunden im Kühlschrank darin marinieren. Die Steaks aus der Marinade nehmen, gut abtropfen lassen und von jeder Seite drei bis vier Minuten in der heißen Pfanne braten. Anschließend kurz ruhen lassen und dann servieren.

Beilagen-Tipp:
Gegrillte Artischocke, S. 132

Rückwärts gegartes Entrecôte

1000 g	**Entrecôte am Stück**
1 EL	**Zwiebelpulver**
1 EL	**Knoblauchpulver**
1 TL	**Salz**
2 TL	**schwarzer Pfeffer, gemahlen**
1 TL	**Paprikapulver, geräuchert**

Das Entrecôte mit den Gewürzen einreiben und für 45 Minuten bei 140 °C in den Backofen schieben. Nach 45 Minuten herausnehmen und in vier gleichmäßig große Scheiben schneiden. Die vier Scheiben noch einmal für 1 $^1/_2$ Minuten in der Grillpfanne von jeder Seite bei starker Hitze anbraten.

Beilagen-Tipp:
Folienkartoffeln mit Kräuterquark, S. 130

43

Ribeye, gerührt und nicht geschüttelt

4	**Ribeye Steaks à 250 g**
3	**Knoblauchzehen**
5 EL	**Gin**
5 EL	**Wermut**
4 EL	**Rapsöl**
1 TL	**Salz**
1 TL	**schwarzer Pfeffer, gemahlen**
1 EL	**Basilikum, gehackt**
1 TL	**frischer Oregano, gehackt**
	Oliven, gefüllt mit Paprikapaste

Den Knoblauch schälen und in kleine Würfel schneiden. Den Gin und den Wermut in eine Schüssel geben. Öl, Salz, Pfeffer, Basilikum und Oregano dazugeben und gut durchrühren.

Die Ribeye Steaks zwei Stunden darin marinieren. Das Fleisch nach dem Marinieren abtropfen lassen und von jeder Seite vier Minuten grillen. Kurz ruhen lassen, die Oliven auf einen Holzspieß stecken und zusammen mit den Steaks servieren.

Beilagen-Tipp:
Ciabatta mit
selbstgemachter Kräuterbutter

GRILLZEIT +
1 MIN. pro Seite

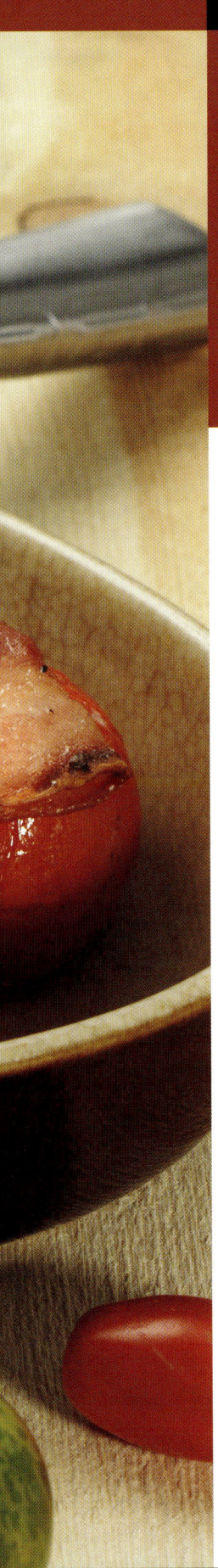

Hohe Rippe
aus dem Königreich

800 g	**Hohe Rippe**
4	**Tomaten**
4	**Scheiben Frühstückspeck**
8 EL	**Rapsöl**
2 EL	**Dijon Senf**
1 EL	**schwarzer Pfeffer, gemahlen**
	grobes Meersalz

Das Rapsöl mit dem Senf und dem Pfeffer verrühren und die Hohe Rippe damit bestreichen. Das Fleisch bei starker Hitze von allen vier Seiten für jeweils vier Minuten grillen.

Die Tomaten kreuzweise einschneiden, mit jeweils einer Scheibe Speck belegen und die letzten fünf Minuten mit auf den Grill geben. Das Fleisch nach dem Grillen noch kurz ruhen lassen, anschließend in vier gleich große Scheiben schneiden, mit dem Meersalz bestreuen und mit den Tomaten servieren.

Beilagen-Tipp:
Rosmarin-Kartoffeln

GRILLZEIT +
1 MIN. pro Seite

Hohe Rippe
Coburger Art

4	**Scheiben Hohe Rippe à ca. 200 g**
5	**rote Zwiebeln**
3	**Knoblauchzehen**
4 EL	**Rapsöl**
	schwarzer Pfeffer, gemahlen
	Salz

Die Zwiebeln schälen und in dünne Ringe schneiden. Die Knoblauchzehen eben-falls schälen und in dünne Streifen schneiden. Zwei Esslöffel Rapsöl in ein Schüssel geben, zwei Scheiben Fleisch darauf legen mit Salz und Pfeffer würzen und mit jeweils der Hälfte der Zwiebeln und des Knoblauchs bedecken. Die beiden anderen Scheiben Fleisch darauf geben und wieder würzen und mit der anderen Hälfte Zwie-beln und Knoblauch bedecken. Die Schüssel verschließen und für sechs Stunden in den Kühlschrank stellen.

Den Grill zum direkten Grillen vorbereiten und die Steaks von jeder Seite vier bis fünf Minuten grillen.

Beilagen-Tipp:
Scamorza-Kartoffeln, S. 126

GRILLZEIT +
1 MIN. pro Seite

FILET

Filet on Fire

800–1000 g	Rinderfilet am Stück
2	Zwiebeln
1	Ingwerwurzel, ca. 4 cm
5	Knoblauchzehen
4	Scotch Bonnet oder Habanero Chilis ohne Kerne
500 ml	Grapefruitsaft
60 ml	Sojasauce
60 ml	Walnussöl
1 TL	schwarzer Pfeffer, gestoßen

Am Rinderfilet Sehne und Fett entfernen. Die Zwiebeln, den Ingwer und den Knoblauch schälen und fein hacken. Die Chilischoten entkernen und ebenfalls klein hacken. Den Grapefruitsaft, das Walnussöl und die Sojasauce in eine Schüssel geben und Zwiebeln, Ingwer, Knoblauch, Chilis und den Pfeffer dazugeben. Alles gut vermischen, das Rinderfilet in die Schüssel legen und mit der Marinade bedecken. Für mindestens 12 Stunden im Kühlschrank marinieren. Das Filet aus der Marinade nehmen, trocken tupfen und von allen Seiten bis zu einer Kerntemperatur von 54 °C grillen oder in der Pfanne braten, anschließend in Alufolie wickeln und fünf Minuten ruhen lassen. Zum Servieren gleichmäßige Medaillons schneiden. Wer es nicht so scharf mag, reduziert einfach nach Geschmack die Chilis.

Beilagen-Tipp:
Grillgemüse, S. 128

Filet meets Rinderbrust

4	Filetsteaks à ca. 200 g
400 g	Rinderbrust
1	Stange Lauch
1	große Möhre
1	Zwiebel
¼	Sellerieknolle
1 El	Salz

STEFAN MARQUARD:

„Hier wird die Rinderbrust endlich mal so richtig in Szene gesetzt."

Die Möhre, die Zwiebel, den Lauch und die Sellerieknolle schälen und grob hacken. Alles mit zwei Litern Wasser und einem EL Salz in einem Topf zum Kochen bringen. Die Temperatur so reduzieren, dass es nur noch siedet. Die Rinderbrust in das siedende Wasser geben und eine Stunde abgedeckt garen. Das Wasser darf nicht mehr kochen. In der Zwischenzeit mit einem Tranchiermesser jedes Filet in der Mitte ca. 2,5 cm breit kreuzförmig einschneiden. Die gegarte Rinderbrust in vier gleichmäßige 2,5 cm breite Streifen schneiden und in das Filet stecken. Die überstehende Rinderbrust abschneiden. Die Filets mit Salz, Pfeffer und etwas Zucker würzen und bei starker Hitze von jeder Seite drei Minuten grillen.

Beilagen-Tipp:

Folienkartoffeln mit Kräuterquark, S. 130

GRILLZEIT +
1 MIN. pro Seite

Filet Mignon

4	Filet Medaillons à ca. 160 g
4	Scheiben Frühstücksspeck
etwas	Meersalz
einige	schwarzer Pfefferkörner, grob zerstoßen
etwas	Zucker

Die Medaillons mit Meersalz, Pfeffer und etwas Zucker würzen. Danach mit dem Frühstücksspeck umwickeln, den Speck mit einem Zahnstocher befestigen und auf dem heißen Grill von jeder Seite zwei Minuten grillen. Vor dem Servieren kurz ruhen lassen. Filet Mignon ist der Klassiker unter den Steaks.

Beilagen-Tipp:

Rucola-Salat mit Parmesan-Spänen

GRILLZEIT +
1 MIN. pro Seite

Filet gebeizt

ca. 800 g	Mittelstück aus dem Rinderfilet
1 Liter	trockener Rotwein
100 ml	Rotweinessig
1	Zwiebel
1/2 Bund	Suppengrün
5	Wacholderbeeren
1	Lorbeerblatt
	Salz
	Pfeffer

Die Zwiebel in kleine Würfel schneiden und das Suppengrün klein hacken. Den Rotwein und den Essig in eine Schüssel geben, die Wacholderbeeren, das Lorbeerblatt, die Zwiebel und das Suppengrün dazugeben, das Filetstück hineinlegen und 24 Stunden marinieren.

Am nächsten Tag das Fleisch herausnehmen, trocken tupfen und Medaillons von vier Zentimetern Dicke daraus schneiden. Die Medaillons von jeder Seite drei Minuten bei starker Hitze in der Pfanne braten.

Beilagen-Tipp:
Gegrillte Artischocken, S. 132

STEFAN MARQUARD:

„Wer sagt eigentlich, dass man nur einen Braten beizen kann? Funktioniert auch mit Kurzgebratenem supergut."

Filetsteak
Sizilianisch

4	Filetsteaks à ca. 200 g
12	Sardellenfilets in Öl aus dem Glas
2 EL	Olivenöl
2 EL	Estragonessig
2 EL	trockener Sherry
3	Knoblauchzehen, gepresst
$\frac{1}{2}$ EL	frische Oreganoblätter, gehackt
$\frac{1}{2}$ EL	frische Estragonblätter, gehackt
	schwarzer Pfeffer
	Meersalz

Die Sardellen mit einer Gabel zerdrücken und zusammen mit dem Olivenöl, dem Estragonessig, dem Knoblauch und dem Sherry in eine Schüssel geben. Die Gewürze untermischen und die Filetsteaks für eine Stunde darin marinieren.

Die Steaks aus der Marinade nehmen und von jeder Seite drei Minuten grillen. Vom Grill nehmen, mit schwarzem Pfeffer und Meersalz bestreuen und mit der restlichen Marinade servieren.

Beilagen-Tipp:
Grillgemüse, S. 128

GRILLZEIT +
1 MIN. pro Seite

Filetsteak
mit Cannelloni-Füllung

4	**Filetsteaks à ca. 200 g**
8	**Cannelloni**
8	**Scheiben Frühstückspeck**
200 g	**Spinat**
2	**rote Chilis**
2	**Knoblauchzehen**
2 EL	**Sesamsamen**
	Olivenöl
	Salz + Pfeffer

In jedes Steak mit einem schmalen Tranchiermesser zwei Längsschnitte schneiden und mit einem Kochlöffel weiten, sodass die Cannelloni hineingeschoben werden können. Die Cannelloni in einem Topf mit Salzwasser vier Minuten kochen, sie müssen noch fest sein.

Für die Füllung den Spinat waschen und abtropfen lassen. Die Chilis entkernen und klein hacken, die Knoblauchzehen würfeln. Etwas Olivenöl in einer Pfanne erhitzen, den Knoblauch und die Chilis fünf Minuten anschwitzen, nach drei Minuten den Sesamsamen dazugeben und mit anrösten. Den Spinat mit dem Knoblauch, den Chilis und dem Sesam vermengen und die Cannelloni damit füllen. Die gefüllten Cannelloni in die Steaks schieben und die überstehenden Enden abschneiden. Jedes Filet mit zwei Streifen Speck umwickeln, mit einem Zahnstocher befestigen, mit Salz und Pfeffer würzen und von jeder Seite drei Minuten grillen. Danach noch fünf Minuten bei 60 °C ruhen lassen und servieren.

Beilagen-Tipp:
Bunter Salat mit Oliven

GRILLZEIT +
1 MIN. pro Seite

Filetsteak Tartare

4	Filet Medaillons à ca. 160 g
	Saft einer unbehandelten Limette
	Saft einer unbehandelten Zitrone
	Salz
	Pfeffer
	Zucker
6	Blätter Basilikum
100 g	Rucola
	Parmesan am Stück

Die Steaks mit einem scharfen Messer von einer Seite bis zur Mitte mehrmals so einschneiden, dass auf dieser Fleischseite ein Muster von ca. 3 mm großen Rauten entsteht. Den Saft von Limette und Zitrone in ein Schüssel geben, die Basilikumblätter klein hacken, hinzufügen und mit Salz, Pfeffer und etwas Zucker abschmecken und kühl stellen. Die Steaks mit Salz, Pfeffer und Zucker würzen und auf der nicht eingeschnittenen Seite für drei Minuten braten. Benutzt man eine Grillpfanne oder den Grill, kann man die Steaks nach ein-einhalb Minuten um 90 Grad drehen und erhält so ein schönes Grillmuster.

Den Rucola auf dem Teller anrichten, die Steaks mit der gebratenen Seite darauf legen, die Sauce darüber gießen und etwas Parmesan darüber hobeln.

Beilagen-Tipp:
Ciabatta mit selbstgemachter Kräuterbutter

Filet im Sesammantel

4	**Filetsteaks à 200 g**
125 ml	**Sojasauce**
4 EL	**Mehl**
2	**Eier**
4 EL	**Sesam**
3 EL	**Rapsöl**
	Salz
	Pfeffer

Die Filets zwei Stunden in der Sojasauce marinieren. Den Sesam in einer kleinen Pfanne anrösten. Die Steaks trocken tupfen und mit Salz und Pfeffer würzen. Die Eier in einem Teller zerquirlen, die Steaks in Mehl, Eier und Sesam wenden und bei starker Hitze drei Minuten von beiden Seiten in einer Pfanne in Rapsöl braten. Anschließend noch fünf Minuten ruhen lassen und dann servieren.

Beilagen-Tipp:
Tomaten-Grapefruit-Mango-Salsa, S. 129

Zwiebelsteak

4	**Filetsteaks à ca. 200 g**
3	**mittelgroße Zwiebeln**
2 EL	**Rapsöl**
	Salz
	Pfeffer
	Zucker

Die Steaks mit Salz, Pfeffer und etwas Zucker würzen. Rapsöl in der Pfanne erhitzen und die vier Filetsteaks zwei Minuten von jeder Seite scharf anbraten.

Die Steaks aus der Pfanne nehmen und in Alufolie für fünf Minuten im Backofen bei 80 °C ruhen lassen. Die Zwiebeln in dünne Ringe schneiden und im Bratensaft goldbraun braten. Steaks auf den Tellern mit den Röstzwiebeln garnieren.

Beilagen-Tipp:
Grillgemüse, S. 128

HÜFTSTEAK

Bunter Grillteller

4	**Hüftsteaks vom Rind à 200 g**
4	**Lammkoteletts**
400 g	**Fleischwurst ohne Darm**
4	**Hühnerschenkel**
8 EL	**Rapsöl**
2 EL	**Rotweinessig**
4	**Knoblauchzehen**
1 TL	**Salz**
1 TL	**Pfeffer**
1 TL	**Paprikapulver**

Den Knoblauch schälen und durch eine Presse drücken. Das Öl, den Essig und den gepressten Knoblauch mit den Gewürzen vermischen. Die Hüftsteaks, die Lammkoteletts, die Fleischwurst und die Hühnerschenkel mit der Marinade einpinseln.

Die Hühnerschenkel von jeder Seite sieben Minuten grillen, die Hüftsteaks vier Minuten von jeder Seite, die Lammkoteletts und die Fleischwurst jeweils drei Minuten von jeder Seite.

Nach dem Wenden des Grillguts alles noch einmal mit der Marinade bestreichen. Auf jeden Teller jeweils ein Stück der vier Fleischsorten geben.

Beilagen-Tipp:
Grillgemüse, S. 128

Gefenchelte Hüftsteak-Sandwiches

4	**Hüftsteaks à ca. 200 g**
4	**Pita-Brote**
eine	**Handvoll Rucola**
1	**Fenchelknolle, in dünne Scheiben geschnitten**
1	**rote Zwiebel, in dünne Scheiben geschnitten**
1	**Knoblauchzehe, gepresst**
1 EL	**grober Dijonsenf**
2 EL	**Weißweinessig**
4 TL	**feiner Zucker**
	Salz
	Pfeffer

Das Olivenöl in einer Pfanne erhitzen, den Fenchel, die Zwiebel und den Knoblauch dazugeben und weich dünsten. Die Temperatur erhöhen, den Zucker dazugeben und unter ständigem Rühren karamellisieren, bis alles langsam braun wird. Den Senf und den Essig einrühren und mit Salz und Pfeffer würzen. Zehn Minuten garen und dabei weiterrühren.

Die Steaks von jeder Seite vier Minuten grillen. Das Pita-Brot in der Mitte teilen und jede Seite eine Minute mit grillen. Das Fenchel-Zwiebelgemüse auf die untere Seite des Pita-Brotes geben, ein Hüftsteak darauf legen, mit Salz und Pfeffer würzen, den Rucola darüber geben und mit der oberen Brothälfte zudecken.

GRILLZEIT +
1 MIN. pro Seite

Hüftsteak Florentiner

4	Hüftsteaks à ca. 200 g
4	dünne Scheiben heiß geräucherter Schweinebauch
10	Scheiben Frühstücksspeck
8	Salbeiblätter
8	Oliven, mit Paprikapaste gefüllt
	Olivenöl
2 EL	geröstete Sesamsamen
	Salz
	Pfeffer

Die Hüftsteaks mit Salz und Pfeffer würzen. Mit gerösteten Sesamsamen bestreuen. Auf jedes Steak eine Scheibe geräucherten Schweinebauch legen. Die Oliven halbieren, auf jedes Steak vier halbe Oliven und zwei Salbeiblätter geben und mit dem Frühstücksspeck umwickeln. Mit Olivenöl einpinseln und von jeder Seite fünf Minuten grillen.

Beilagen-Tipp:
Scamorza-Kartoffeln, S. 126

GRILLZEIT +
1 MIN. pro Seite

Krakenwaldsteak – Surf & Turf

4	**Hüftsteaks à ca. 200 g**
20	**Krakenbeine**
2–3	**Zwiebeln, geviertelt**
1	**Knolle Knoblauch, die einzelnen Zehen geschält und halbiert**
¹⁄₂	**Bund Schnittlauch**
	Salz
	Pfeffer

Die Krakenbeine in einem Sud aus Salzwasser, Zwiebeln und Knoblauch für 30 Minuten bei 80 °C simmern lassen. Schnittlauch in kleine Röllchen schneiden. Die Hüftsteaks von beiden Seiten mit Salz und Pfeffer würzen, fünf Löcher in jedes Steak stechen und von einer Seite zwei Minuten anbraten. Aus der Pfanne nehmen und die Krakenbeine von der noch rohen Seite durch die Steaks ziehen, bis sie bündig abschließen.

Die noch rohe Seite zwei Minuten braten und die Steaks für weitere 15 Minuten bei ca. 70 °C zum Fertiggaren in den vorgeheizten Backofen schieben.

Auf vorgewärmte Teller geben und die Schnittlauchröllchen darüber streuen.

Beilagen-Tipp:
Gegrillte Artischocken, S. 132

STEFAN MARQUARD:

„Das ist nicht nur ein Eyecatcher, es schmeckt auch sensationell."

RUMPSTEAK

ROASTBEEF

Knoblauch-Rumpsteak

4	Rumpsteaks à ca. 200 g
1	Knolle frischer Knoblauch
2 EL	Olivenöl
100 g	Butter, Zimmertemperatur
1 EL	frischer Thymian
1 EL	frischer Rosmarin
	Salz
	Pfeffer
	Zucker

Den Knoblauch mit der Schale und dem Olivenöl in Alufolie wickeln und für ca. 40 Minuten bei 160 °C im Backofen garen. Wenn der Knoblauch weich ist, aus der Schale drücken und zusammen mit der Butter, dem Thymian und dem Rosmarin in den Mixer geben und zu einer glatten Masse mixen. Mit Salz und Pfeffer abschmecken. Die Rumpsteaks mit Salz, Pfeffer und etwas Zucker würzen und von jeder Seite drei Minuten braten. Die Steaks auf dem Teller anrichten, mit der Knoblauchbutter bestreichen und sofort servieren.

Beilagen-Tipp:

Bunter Salat mit Knoblauch-Croûtons

Rumpsteak aus dem Kräutergarten

4	**Rumpsteaks à 200 g**
1 EL	**Kresse**
1 EL	**Basilikum**
1 EL	**Thymian**
1 EL	**Estragonblätter**
1 EL	**Schnittlauch**
2	**Schalotten**
2	**Knoblauchzehen**
1 TL	**frischer Meerrettich**
	Salz
	Pfeffer
4 EL	**Olivenöl**
4 EL	**Calvados**
2 EL	**trockener Sherry**

Alle Zutaten für die Marinade (also alles, bis auf die Steaks) in den Mixer geben und so lange mixen, bis eine glatte, flüssige Masse entstanden ist. Die Steaks in die Marinade legen und für vier Stunden im Kühlschrank ziehen lassen. Dann herausnehmen, trocken tupfen und von jeder Seite drei Minuten grillen. Vor dem Servieren mit Salz und Pfeffer würzen.

Beilagen-Tipp:
Folienkartoffeln mit Kräuterquark, S. 130

GRILLZEIT +
1 MIN. pro Seite

Rumpsteak karibisch

4	Rumpsteaks à 200 g
1	frische Ananas
2	Knoblauchzehen
1 TL	Koriander
1 TL	Cayennepfeffer
4 EL	Rapsöl

Die Ananas schälen, den Strunk entfernen und das Fruchtfleisch in Würfel schneiden. Den Knoblauch ebenfalls schälen, mit der Ananas und dem Koriander in den Mixer geben und zu einer glatten Masse mixen. Dann den Cayennepfeffer dazugeben. Die Rumpsteaks für mindestens sechs Stunden in der Masse marinieren. Das Fleisch aus der Marinade nehmen, trocken tupfen und von jeder Seite drei Minuten grillen.

Beilagen-Tipp:

Tomaten-Grapefruit-Mango-Salsa, S. 129

GRILLZEIT +
1 MIN. pro Seite

"Nicht verzweifeln, wenn es auf Anhieb nicht perfekt klappt. Einfach weiter üben."

STEFAN MARQUARD:

Schweizer Rösti Rumpsteak

4	Rumpsteaks à ca. 200 g
500 g	fest kochende Kartoffeln
$\frac{1}{2}$	Zwiebel
$\frac{1}{4}$ TL	Salz
1 EL	Rapsöl
15 g	Butter

Die Kartoffeln gründlich waschen und in einen Topf mit kochendem Salzwasser geben. Sie sollten mit dem Wasser gut bedeckt sein. Zehn Minuten im sprudelnden Wasser kochen, dann abgießen, abschrecken und pellen. Danach auf einer Reibe mit tropfenförmigen Löchern raffeln. Die Zwiebel schälen, sehr fein hacken und mit den Kartoffeln und dem Salz vermischen. Die Rumpsteaks in einer heißen Pfanne von jeder Seite eine Minute anbraten.

Das Fleisch aus der Pfanne nehmen und in der Röstimasse wenden. Die mit der Röstimasse panierten Steaks von jeder Seite so lange in der Pfanne braten, bis eine schöne braune Kruste entstanden ist.

Beilagen-Tipp:
Bunter Salat – je nach Jahreszeit und Geschmack

Pfeffersteak

4	Rumpsteaks
2 EL	Rapsöl
1 EL	Tomatenmark
2 EL	eingelegte grüne Pfefferkörner
2 EL	Sherry
250 ml	Sahne
	Salz
	Pfeffer

Das Rapsöl in der Pfanne erhitzen, die Rumpsteaks von jeder Seite zwei Minuten scharf anbraten. Den Herd auf 80 °C vorheizen und die Steaks nach dem Anbraten in Alufolie wickeln und in den Herd schieben. Das Tomatenmark in der Pfanne mit dem Bratensaft etwas erhitzen und mit dem Sherry ablöschen. Die Sahne und die Pfefferkörner dazugeben und mit Salz und Pfeffer abschmecken. Die Steaks auf den Tellern anrichten und mit der Sauce servieren. Dazu passen Kartoffeln in allen Variationen.

Beilagen-Tipp:
Scamorza-Kartoffeln, S. 126

Roastbeef
im schwarzen Mantel

4	Steaks vom Roastbeef à ca. 200 g
4 EL	Sojasauce
2 EL	schwarzer Sesam
1	kleine Ingwerwurzel, ca. 2 cm
2	Knoblauchzehen
2	Thai-Chilis
1 EL	Fleur de Sel
1 TL	schwarzer Pfeffer, gemahlen
	Rapsöl
	Butter

Knoblauch und Ingwer schälen und klein hacken, die Chilis entkernen und ebenfalls klein schneiden. Die Sojasauce in eine Schüssel geben, alle anderen Zutaten bis auf das Fleisch hinzufügen und gründlich verrühren. Die Steaks von beiden Seiten damit bestreichen und über Nacht marinieren. Rapsöl und Butter in der Pfanne erhitzen. Die Steaks bei mittlerer Hitze von beiden Seiten vier Minuten braten. Die Pfanne vom Kochfeld nehmen und die Steaks noch fünf Minuten darin ruhen lassen.

Beilagen-Tipp:
Devils Mais, S. 131

Roastbeef Steakburger

800 g	Roastbeef	2	kleine Zucchini	Salz	
1	Aubergine	2	Knoblauchzehen	Pfeffer	
1	rote Zwiebel	2 EL	Olivenöl	Zucker	
2	rote Paprika	2	Tomaten		

Das Roastbeef in acht schmale Scheiben schneiden. Die Aubergine und die Zucchini waschen und ebenfalls in acht dünne Scheiben schneiden. Die Zwiebel in feine Ringe hacken, die Paprika vierteln, entkernen, die Tomaten häuten und ebenfalls entkernen. Das Gemüse mit Olivenöl bestreichen und auf den heißen Grill legen: Paprika zehn Minuten, Tomaten acht Minuten, Zwiebelringe, Zucchini und Aubergine etwa vier Minuten grillen, nach der Hälfte der Zeit wenden. Die schwarze Haut der Paprika lässt sich jetzt leicht abziehen. Die Knoblauchzehen pressen, mit der Paprika und den Tomaten in eine Schüssel geben und mit dem Zauberstab gründlich mixen. Die Masse mit Salz, Pfeffer und Zucker abschmecken. Die Roastbeefscheiben mit Salz und Pfeffer würzen und von einer Seite anbraten.

Jetzt eine Scheibe Roastbeef auf die ungegrillte Seite legen und die „Burgerfüllung" folgendermaßen aufbauen:
Eine Scheibe Aubergine, ein Löffel Paprikamasse, eine Scheibe Zucchini, einige Zwiebelringe, ein Löffel Paprikamasse, eine Scheibe Zucchini, eine Scheibe Aubergine und zum Schluss eine Scheibe Roastbeef mit der gegrillten Seite auf der Aubergine, sodass die rohe Seite wieder außen ist. Den Burger mit einem Holzspieß fixieren und von beiden Seiten vier Minuten grillen.

 Backofen auf 250 °C vorheizen, die Paprika-Viertel mit der Hautseite nach oben auf ein Blech geben und so lange im Ofen lassen, bis die Haut schwarz wird und Blasen wirft. Paprika in eine Schüssel geben, kurz abkühlen lassen und dann die Haut abziehen. Die Tomaten in eine Schüssel legen, mit kochendem Wasser übergießen und häuten. Dann grob hacken und in der Pfanne scharf anbraten, bis sie sehr weich sind. Dann zusammen mit der Paprika wie oben beschrieben zubereiten.

Den fertig fixierten Burger in der Pfanne von jeder Seite etwa eine Minute länger braten als bei der Grillzeit vorgesehen.

T-BONE

PORTERHOUSE

Gefülltes T-Bone Steak

2	T-Bone Steaks, ca. 3 cm dick
100 g	Gouda, gerieben
2	Zweige Estragon, klein gehackt
2 EL	Dijonsenf
	Salz
	Pfeffer

In die T-Bone Steaks mit einem scharfen Messer jeweils eine Tasche schneiden.

Den Gouda, den Estragon, die Oreganoblätter und den Dijonsenf vermischen und in die Tasche drücken. Man kann die Tasche mit Zahnstochern verschließen, origineller ist es aber mit dem Korken einer Champagnerflasche, den man einfach in die Öffnung hineinschiebt. Die Steaks mit Pfeffer und Salz würzen und von jeder Seite acht Minuten in der heißen Pfanne braten. Kurz ruhen lassen und dann servieren.

Beilagen-Tipp:
Devils Mais, S. 131

STEFAN MARQUARD:

„Nun gibt's endlich auch eine Zweitverwertung für den Schampus-Korken."

T-Bone klassisch

4	**T-Bone Steaks, ca. 3 cm dick**
4 EL	**Knoblauchpulver**
4 EL	**Zwiebelpulver**
2 EL	**schwarzer Pfeffer, gemahlen**
2 TL	**Salz**
1 EL	**Rosenpaprika**
1 EL	**brauner Zucker**
4 EL	**Rapsöl**

Die Gewürze gut miteinander vermischen, die T-Bone Steaks von beiden Seiten damit einreiben und für mindestens zwei Stunden marinieren. Rapsöl in zwei Pfannen (am besten Steakpfannen) stark erhitzen und die T-Bone Steaks fünf Minuten von jeder Seite braten. Aus der Pfanne nehmen und in Alufolie nochmals fünf Minuten ruhen lassen.

Beilagen-Tipp:
Folienkartoffeln mit Kräuterquark, S. 130

T-Bone
in Rotwein gebeizt

2	T-Bone Steaks, ca. 3 cm dick
150 ml	Rotwein
4 EL	Rotweinessig
8 EL	Olivenöl
2	Lorbeerblätter
2	Estragonzweige
2	Thymianzweige
4	Salbeiblätter
2	Zwiebeln
2	Knoblauchzehen
	schwarzer Pfeffer, gemahlen
	Meersalz

Die Zwiebeln und den Knoblauch schälen und in dünne Ringe schneiden. Die Kräuter waschen und trocken tupfen. Den Rotwein, den Essig und sechs Esslöffel Olivenöl verrühren. Die Hälfte der Zwiebeln, des Knoblauchs und der Kräuter in eine Schüssel geben. Die T-Bones darauf legen und mit der anderen Hälfte abdecken.

Mit der Rotweinmarinade übergießen und 12 Stunden im Kühlschrank marinieren. Die Steaks herausnehmen, trocken tupfen und von jeder Seite acht Minuten bei starker Hitze grillen. Nach dem Grillen mit schwarzem Pfeffer und Meersalz würzen und fünf Minuten in Alufolie ruhen lassen, anschließend servieren.

Beilagen-Tipp:
Gegrillte Artischocken, S. 132

GRILLZEIT +
1 MIN. pro Seite

T-Bone
mit einem Hauch von Minze

2	T-Bone Steaks, ca. 3 cm dick
100 ml	Olivenöl
2	unbehandelte Zitronen, Saft und Abrieb
2	Knoblauchzehen
2	Zweige Rosmarin
1	Zweig Thymian
1	Bund frische Minze
	Salz
	Pfeffer
	Zucker

Das Olivenöl, den Abrieb und den Saft der Zitronen in einen Mixer geben, den Knoblauch, den Rosmarin, den Thymian und die Minze hinzufügen und alles zerkleinern. Die T-Bone Steaks in eine Schüssel legen, mit der Marinade rundum bestreichen und im Kühlschrank zwei Stunden marinieren. Das Fleisch abtropfen lassen, mit Salz, Pfeffer und etwas Zucker würzen und bei mittlerer Hitze von beiden Seiten sieben bis acht Minuten grillen. Während des Grillens immer wieder mit der Marinade bestreichen. Die Steaks nach dem Grillen noch fünf Minuten ruhen lassen.

Beilagen-Tipp:
Grillgemüse, S. 128

GRILLZEIT +
1 MIN. pro Seite

Porterhouse Viva España

2	**Porterhouse Steaks à ca. 800 g**
2	**Knoblauchzehen**
1 TL	**Chiliflocken, getrocknet**
2 EL	**Meersalz**
2 EL	**schwarzer Pfeffer**
3	**unbehandelte Zitronen**
3 EL	**Olivenöl**
etwas	**trockener Sherry**

Knoblauch schälen und klein hacken, mit dem Abrieb der Zitronenschalen, Chili, Meersalz, Pfeffer und Olivenöl vermischen. Die Steaks damit bestreichen und drei Stunden im Kühlschrank marinieren. Den Grill vorbereiten und die Steaks sechs Minuten pro Seite grillen. Noch etwas Meersalz darüber streuen und kurz ruhen lassen. Die Steaks in ca. 1 cm dicke Scheiben schneiden und auf die vier Teller verteilen. Zum Schluss noch ein paar Tropfen trockenen Sherry darüber träufeln.

Beilagen-Tipp:

Devils Mais, S. 131

GRILLZEIT +
1 MIN. pro Seite

Bistecca Fiorentina

2	**Porterhousesteaks vom Cianina Rind à ca. 1000 g**
6 EL	**Olivenöl**
4	**Zweige Rosmarin**
4	**Knoblauchzehen**
2 TL	**schwarzer Pfeffer, gemahlen**
2 TL	**Fleur de Sel**
1 TL	**frischer Oregano**

Knoblauch und Oregano klein hacken, die Steaks mit Olivenöl bestreichen. Knoblauch, Oregano, Salz und Pfeffer vermischen und die Steaks von beiden Seiten damit einreiben. Die Rosmarinzweige darauf legen und für 12 Stunden marinieren. Eine Grillpfanne stark erhitzen und die Steaks von jeder Seite sieben Minuten darin braten. Anschließend die Steaks für 15 Minuten bei 80 °C im Backofen ruhen lassen. Die Steaks zum Servieren in ca. 2 cm breite Streifen quer zum Knochen aufschneiden und auf die Teller verteilen.

Beilagen-Tipp:

Rosmarin-Kartoffeln

Porterhouse Toskana

2	**Porterhouse Steaks, mindestens 3 cm dick**
	Olivenöl
2	**Knoblauchzehen, fein gehackt**
2	**Zweige Rosmarin, grob gehackt**
	Salz
	Pfeffer
	Zucker

Die Steaks mit Salz, Pfeffer und etwas Zucker würzen und von beiden Seiten mindestens sieben bis acht Minuten grillen. Die Steaks nach vier Minuten um 90 Grad drehen, so entsteht ein schönes Grillmuster. Den Knoblauch und den Rosmarin in eine Form geben, die groß genug für beide Steaks ist. Die Steaks vom Grill nehmen, in die Form legen und großzügig mit Olivenöl übergießen. Die Steaks so für fünf Minuten unter mehrmaligem Wenden ruhen lassen. Vor dem Servieren nochmals mit grobem Pfeffer und Fleur de Sel würzen.

Beilagen-Tipp:
Scamorza-Kartoffeln, S. 126

GRILLZEIT +
1 MIN. pro Seite

EXOTEN

BBQ Flank Steak

STEFAN MARQUARD:

„Nur Mut!
Mit erstklassigem Fleisch
funktioniert auch so was
Grobfaseriges wunderbar
als Steak."

1	großes Flank Steak, ca. 1000 g
3 EL	brauner Zucker
2 EL	Paprikapulver
1 TL	Cayennepfeffer
1 EL	Senfpulver
1 EL	Knoblauchpulver
2 TL	getrocknetes Basilikum
1 TL	Zwiebelpulver
1 TL	gemahlener schwarzer Pfeffer
	Salz

Die Gewürze gründlich mischen und das Flank Steak von allen Seiten gleichmäßig damit einreiben. Das gewürzte Fleisch in Frischhaltefolie wickeln und 12 Stunden im Kühlschrank ruhen lassen. Den Grill zum direkten Grillen bei starker Hitze vorbereiten. Das Flank Steak von jeder Seite acht bis zehn Minuten grillen, fünf Minuten in Alufolie ruhen lassen und anschließend zum Servieren in dünne Streifen schneiden.

Beilagen-Tipp:
Devils Mais, S. 131

GRILLZEIT +
1 MIN. pro Seite

Tri Tip

400 g	Tri Tip (Bürgermeisterstück)		**Für den Dip:**	
1	rote Paprika			
1	Bund Frühlingszwiebeln		**3 EL**	Tomatenmark
2	Tomaten		**100 g**	Schmand
1	Stange Lauch		**2 EL**	Sambal Oelek
2	Peperoni, mittelscharf			
1	rote Zwiebel			
4	Fajitas			

Die Paprika entkernen und achteln, den Lauch und die Frühlingszwiebeln putzen und die Tomaten in Scheiben schneiden. Das Gemüse von allen Seiten gut angrillen und anschließend in etwa zwei Zentimeter große Stücke schneiden. Den Schmand, das Tomatenmark und das Sambal Oelek in einer Schüssel zu einer glatten Masse verrühren. Die Fajitas kurz in einer Pfanne anbraten. Das Fleisch mit Pfeffer würzen und von beiden Seiten drei Minuten grillen, dann vom Grill nehmen, mit Fleur de Sel würzen und für fünf Minuten in Alufolie ruhen lassen.

In Zwischenzeit die Fajitas mit dem Dip bestreichen und mit dem gegrillten Gemüse belegen. Das Fleisch dünn aufschneiden und ebenfalls auf die Fajitas geben, diese dann zusammenrollen und servieren.

 Das Gemüse in der Pfanne von allen Seiten gut anbraten und bei der Bratzeit des Fleisches gegenüber der Grillzeit pro Seite jeweils eine Minute zugeben.

Skirt Steak

1000 g	**Skirt Steaks**
500 ml	**Orangensaft**
2	**Zwiebeln**
2	**Knoblauchzehen**
2 EL	**kräftige BBQ Sauce**
1	**Stück Ingwer, ca. 2 cm**
	Salz
	Pfeffer

Die Zwiebeln, den Knoblauch und den Ingwer in dünne Scheiben schneiden. Die Steaks mit Salz und Pfeffer würzen und in eine Schüssel legen, mit den Zwiebeln, dem Knoblauch und dem Ingwer bedecken und den Orangensaft darüber gießen. Für mindestens sechs Stunden im Kühlschrank marinieren. Die Steaks herausnehmen, trocken tupfen und bei starker Hitze von beiden Seiten drei Minuten grillen. Anschließend das Fleisch noch kurz ruhen lassen und dann der Länge nach in dünne Streifen aufschneiden.

Beilagen-Tipp:
Rosmarin-Kartoffeln oder als Sandwich anrichten

GRILLZEIT +
1 MIN. pro Seite

Chimichurri Skirt Steak

1	Skirt Steak, ca. 1200 g
500 ml	Olivenöl
6 EL	Rotweinessig
2	Habanero Chilis, ohne Kerne, klein gehackt
6	Knoblauchzehen
4 EL	frischer Thymian, gehackt
4 EL	glatte Petersilie, gehackt
2 EL	Rosmarin, gehackt
3 EL	frischer Oregano, gehackt
3 EL	Paprikapulver
1 TL	Meersalz
1 TL	schwarzer Pfeffer

Olivenöl in einem Topf erwärmen (aber nicht heiß werden lassen) und vom Herd nehmen. Alle Zutaten bis auf das Fleisch dazugeben und gut verrühren. Bei Zimmertemperatur eine Stunde ziehen lassen.

Das Fleisch in eine Schüssel legen, mit einem Viertel der Chimichurri Marinade übergießen und für mindestens zwei Stunden im Kühlschrank ziehen lassen. Anschließend das Fleisch in einer heißen Pfanne von jeder Seite zehn bis 12 Minuten braten. Nach dem Braten fünf Minuten ruhen lassen und dann gegen die Faser in dünne Scheiben aufschneiden. Die restliche Marinade dazu reichen.

Beilagen-Tipp:
Marinierte Paprika, S. 127

Flank Steak London Style

1	**Flank Steak, ca. 1200 g**
2	**rote Zwiebeln**
4	**Knoblauchzehen**
1	**Stück Ingwer, ca. 5 cm**
2 EL	**Koriander, gehackt**
4 EL	**Teriyaki Sauce**
100 ml	**Rotwein**
100 ml	**Rapsöl**
	Salz
	Pfeffer

Die Zwiebeln, den Knoblauch und den Ingwer schälen, in kleine Würfel schneiden und mit dem Koriander in eine Schüssel geben. Mit der Teriyaki Sauce, dem Rotwein und dem Rapsöl aufgießen und das Flank Steak mindestens 12 Stunden im Kühlschrank darin marinieren.

Das Fleisch aus der Marinade holen und trocken tupfen. Den Grill vorbereiten und das Steak von jeder Seite 12 Minuten bei starker Hitze grillen. Anschließend das Fleisch fünf Minuten in Alufolie ruhen lassen und danach entgegen der Faser in dünne Scheiben schneiden und servieren.

Beilagen-Tipp:
Gegrillte Artischocke, S. 132

GRILLZEIT +
1 MIN. pro Seite

BEILAGEN

Scamorza-Kartoffeln

4	Kartoffeln, fest kochend, z. B. Marabel
100 g	Scamorza
50 g	Bergkäse
25 g	Parmesan
$^{1}/_{2}$	Bund Schnittlauch
3 EL	Schlagsahne
20 g	weiche Butter
1 EL	grober Dijonsenf
	Salz
	Pfeffer

Kartoffeln waschen, in Alufolie wickeln und bei 250 °C indirekt eine Stunde garen, bis sie weich sind (Gabeltest). Kartoffeln aus der Folie nehmen, weitere zehn Minuten grillen.

In der Zwischenzeit den Scamorza in feine Würfel schneiden, den Parmesan fein reiben und den Schnittlauch in Röllchen schneiden. Die Kartoffeln halbieren und abkühlen lassen. Die Kartoffelmasse mit einem Löffel vorsichtig herauslösen, darauf achten, dass die Schale unbeschädigt bleibt. Dabei einen Rand von etwa einem Zentimeter lassen.

Kartoffelmasse gut zerdrücken, mit Sahne, Butter, Senf und Parmesan verrühren, bis eine glatte Masse entstanden ist. Dazu eignet sich am besten der Knethaken des Handmixers. Die Scamorza-Würfel und den Schnittlauch unterheben. Mit Salz und Pfeffer abschmecken.

Die Kartoffelmasse in die Kartoffelschalen füllen und auf dem Grillrost zehn bis 15 Minuten knusprig grillen.

Zubereitung im Ofen: Die Zubereitungszeiten im Ofen entsprechen denen auf dem Grill.

Marinierte Paprika

2	rote Paprika
1	gelbe Paprika
1	grüne Paprika
3	Knoblauchzehen
	Olivenöl
	Saft einer Zitrone
7 EL	Olivenöl
	Meersalz
	Petersilie, grob gehackt
4	Scheiben Zitrone

Die Paprika waschen, halbieren, entkernen und mit etwas Olivenöl einpinseln. Solange grillen, bis die Haut schwarz ist. Anschließend in eine Schüssel legen und für zehn Minuten abgedeckt stehen lassen. Die schwarze Haut abziehen und die Paprikahälften in gleichmäßige Streifen schneiden. Den Knoblauch schälen und dünn aufschneiden, mit dem Zitronensaft, etwas Olivenöl und Meersalz vermischen und über die Paprikastreifen geben. Mit vier Zitronenscheiben und der grob gehackten Petersilie garnieren.

Zubereitung im Ofen: Den Ofen auf 250 °C vorheizen. Die Paprikahälften mit der Hautseite nach oben auf den Rost oder ein Blech legen und solange im Ofen lassen, bis die Haut schwarz wird und Blasen wirft.

Grillgemüse

4	Auberginen	
4	Kartoffeln	
4	Zwiebeln	
4	Zucchini	
2	rote Paprika	
2	gelbe Paprika	
1	Knolle Knoblauch	
	grobes Meersalz	

Marinade:

5	Knoblauchzehen
250 ml	Olivenöl
4	Zweige Rosmarin
3	Zweige Thymian
1 TL	brauner Zucker

Zucchini und Auberginen waschen und der Länge nach in fünf Millimeter dicke Scheiben schneiden. Zwiebeln und Kartoffeln schälen und in drei Millimeter dicke Scheiben schneiden. Die Paprika vierteln und entkernen. Die Knoblauchknolle oben und unten gerade abschneiden.

Für die Marinade die Knoblauchzehen schälen und pressen. Den gepressten Knoblauch mit den restlichen Zutaten der Marinade vermischen. Das geschnittene Gemüse für zwei Stunden in die Marinade legen und mehrmals wenden. Die Knoblauchknolle in Alufolie wickeln, mit etwas Olivenöl aufgießen und 20 Minuten bei starker Hitze grillen. Das Gemüse dann auf den vorgeheizten Grill legen und solange grillen, bis ein schönes Grillmuster entsteht. Das gegrillte Gemüse auf einer Platte anrichten, die Knoblauchknolle auspressen und darüber verteilen. Etwas von der Marinade darüber träufeln, einen Zweig Rosmarin und einen Zweig Thymian darauf legen und etwas Meersalz darüber streuen.

Zubereitung im Ofen: Die in Alufolie eingewickelte Knoblauchknolle für 20 Minuten bei 240 °C in den vorgeheizten Backofen geben. Das Gemüse in der Pfanne scharf anbraten.

Tomaten-Grapefruit-Mango-Salsa

3	Tomaten
$^1/_2$	Grapefruit
2	Mango
2	Knoblauchzehen
$^1/_2$	rote Zwiebel
3 EL	Korianderblätter
1	frische Chilischote
1 TL	Rosenpaprika
$^1/_2$ TL	Kreuzkümmel
$^1/_4$ TL	Kardamom
2 EL	Olivenöl
	weißer Balsamico
	Salz
	Pfeffer

Die Tomaten schälen, entkernen und in kleine Würfel schneiden. Die Grapefruit filetieren und klein schneiden. Die Mango schälen und in kleine Würfel schneiden. Knoblauchzehen und die Zwiebel ebenfalls schälen, klein würfeln und den Koriander klein hacken. Alle Zutaten in eine Schüssel geben, mit den Gewürzen gut vermischen und mit Balsamico, Salz und Pfeffer abschmecken.

Die Salsa für mindestens zwei Stunden zum Durchziehen in den Kühlschrank stellen.

Folienkartoffeln mit Kräuterquark

4	mittelgroße Kartoffeln
4 EL	Rapsöl
100 g	Quark
2 EL	Crème fraîche
1	kleine Zwiebel
2 EL	Schnittlauchröllchen
	Salz
	Pfeffer

Die Kartoffeln gut waschen, längs einschneiden und salzen. Vier Streifen Alufolie mit Rapsöl bestreichen und die Kartoffeln darin einwickeln. Die Kartoffelpäckchen ca. 40 Minuten indirekt bei ca. 200 °C grillen oder in den Ofen geben. Die Zwiebel schälen und klein würfeln, zusammen mit dem Schnittlauch unter den Quark rühren. Die Crème fraîche, das Salz und den Pfeffer zugeben und vermischen.

Die Kartoffelpäckchen oben öffnen, die Kartoffeln mit einer Gabel etwas auseinanderdrücken, mit der Quarkmasse füllen und servieren.

Devils Mais

4	Maiskolben
120 g	Butter, Zimmertemperatur
$\frac{1}{4}$ TL	Cayennepfeffer
$\frac{1}{4}$ TL	Chilipulver
1 EL	Limettensaft
1 EL	Petersilie, gehackt
	Salz

Die Butter mit den Gewürzen gut vermischen und den Mais damit bestreichen. Etwas Butter aufheben.

Anschließend den Mais in Alufolie packen und für 20 Minuten unter mehrmaligem Wenden indirekt grillen oder bei 200 °C für 20–25 Minuten in den vorgeheizten Ofen geben. Den Mais auspacken, mit der restlichen Butter bestreichen und heiß servieren.

Gegrillte Artischocken

4	frische Artischocken
2	Knoblauchzehen
300 g	Feta
	Saft von zwei Zitronen
50 ml	Weißwein
	schwarzer Pfeffer, gemahlen
	Meersalz

Die Artischocken waschen, den Stil abtrennen und das obere Viertel abschneiden. Die inneren Blätter auslösen und mit einem Löffel sauber aushöhlen.

Den Knoblauch schälen und in kleine Würfel schneiden. Den Feta zerbröseln und mit dem Knoblauch vermischen. In jede Artischocke ein Viertel der Fetamasse füllen, mit Zitronensaft und Weißwein beträufeln. Kräftig mit Salz und Pfeffer würzen und fest in Alufolie wickeln. Die Pakete für 25 Minuten bei ca. 200 ° C indirekt garen oder in den Ofen schieben.

Auspacken und servieren. **Vorsicht heiß!**

Index

Rezeptregister

Ende 2004 machte **Stephan Otto**, Jahrgang 1966, seine Leidenschaft zum Beruf und gründete mit seinen beiden Brüdern Wolfgang und Michael die Firma OTTO GOURMET. Den gelernten Bankkaufmann mit betriebswirtschaftlichem Studium zog es nach langjähriger Tätigkeit als Unternehmensberater im Jahr 2001 in die USA, wo er als Managementberater arbeitete. In dieser Zeit lernte er das US Rindfleisch lieben – insbesondere das Wagyu Kobe-style Beef, das über den Versandhandel vertrieben wird –, was ihn dazu bewog, seinen Beruf aufzugeben und als Quereinsteiger in der Food-Branche anzufangen, um dieses tolle Fleisch nach Deutschland zu exportieren.

OTTO GOURMET agiert sehr erfolgreich im Aufspüren und Vermarkten von exklusivem, hochwertigem Fleisch. Stephan Otto zeichnet für die Strategie und Geschäftsentwicklung von OTTO GOURMET verantwortlich und nimmt so wesentlichen Einfluss auf die Ausrichtung der Produktlinien und den Kundenservice bei OTTO GOURMET. Seine Leidenschaft und sein Ansporn ist es, Liebhaber für gutes Fleisch zu gewinnen. Die Nachhaltigkeit der Produktion, leidenschaftliche Züchter, eine artgerechte Tierhaltung und die Wertschätzung in der Spitzengastronomie – das sind die wichtigsten Kriterien, nach denen er die Produkte auswählt.

Privat ist Stephan Otto ein Griller: „Röstaromen vom Grill, gepaart mit saftigem, geschmackvollem Fleisch, das macht das Leben lebenswert."

Starkoch **Stefan Marquard** ist bekannt für seinen kreativen, etwas anderen Kochstil. In der Küche hört er am liebsten Punkrock und vertritt die These „Erlaubt ist was schmeckt – auch wenn es sich erst einmal komisch anhört".

Der gebürtige Franke (Jahrgang 1964) absolvierte nach einer Metzgerlehre eine Ausbildung zum Koch im „Hotel Rebstock" in Würzburg. Es folgten Stationen in renommierten Häusern, an die sich eine einjährige kulinarische Reise durch Italien anschloss. Zusammen mit Adalbert Schmidt eröffnete er das „Taverna la vigna", das sich nach kürzester Zeit zum besten italienischen Restaurant im deutschsprachigen Raum entwickelte. 1991 machte er sich mit seinem ersten eigenen Restaurant selbstständig – den „Drei Stuben" in Meersburg.

Mit seiner unkonventionellen Küche erkochte er sich unter anderem einen Michelin-Stern und 18 Punkte im Gault Millau. Von 2000 bis 2003 war Marquard Chefkoch in Deutschlands größtem Restaurant, dem „Lenbach" in München. Seit 2003 betreibt er mit Wolfgang Weigler „Stefan Marquards Eventcatering". Zusammen mit seinem Team, der „Jolly-Roger-Cooking-Gang", verzaubert er mittlerweile ganz Europa mit seiner Kochkunst. Immer getreu dem Motto „cooking is like punkrock"! Im Jahr 2010 eröffnet Stefan Marquard zwei neue Restaurants: das „Dining Range" im Golfclub Olching bei München und das Restaurant im Bayrischen Yachtclub München in Starnberg.

Steffen Eichhorn, Jahrgang 1976. Die Leidenschaft fürs Kochen und erstklassige Lebensmittel „verfolgt" den gebürtigen Franken schon seit langem. Als er dann durch einen Zufall im Web auf den „Grillsportverein" aufmerksam wurde, war es im wahrsten Sinne des Wortes um ihn geschehen. Immer öfter wurde „aufgelegt", immer aufwändiger wurden die Gerichte, die er auf dem Grill zubereitete, und schließlich landete er im Meisterschaftsgrillteam des „Grillsportvereins", mit dem er 2009 den Meistertitel ergrillte.

Seit geraumer Zeit arbeitet Steffen Eichhorn nicht nur eng mit der Firma OTTO GOURMET zusammen, auch bei vielzähligen Events namhafter Spitzenköche wie Kolja Kleeberg, Stefan Marquard, Peter Scharff oder Ralf Jakumeit zeichnete er fürs BBQ verantwortlich. 2009 gründete er die Firma „BBQ & More", die neben Eventcatering und Grillseminaren auch Händlerschulungen für namhafte Grillhersteller anbietet.

OTTO
GOURMET
GUTES FLEISCH
LIEFERANT DER SPITZENGASTRONOMIE

 **Unser Sortiment für den Gourmet**

 **Rind**
Exklusives Wagyu-Kobe Style und American Beef. Zartes Kalbfleisch, Hereford und Simmentaler Rind. Nordamerikanisches Bison.

 **Schwein**
Freilaufendes, schwarzes Ibéricoschwein aus Eichenwäldern Zentral-Spaniens.

 **Lamm**
Aromatisches Lammfleisch aus den besten Regionen Europas.

 **Wild**
Zartes Rehfleisch ausgewählt und veredelt von den Besten ihrer Zunft.

 **Geflügel**
Bestes französisches Geflügel aus der Bresse mit AOC Prädikat.

 **Seafood**
Köstlichkeiten wie Garnelen, Hummer, Langusten oder Jakobsmuscheln.

 **Belieferung der Spitzengastronomie und des privaten Gourmets innerhalb von 24 Stunden.**

OTTO GOURMET – Maßstab für exzellente Produkte   **www.otto-gourmet.de**

OTTO GOURMET • Industriestr. 33 • 52525 Heinsberg • Tel. 49-2452 – 97 62 60 • Fax 49-2452 – 97 62 612 • info@otto-gourmet.de

STEAK PUR!

Wenn drei ultimative Fleischliebhaber aufeinandertreffen, um ihre Steak-Favoriten zu-
zubereiten, dann landen dabei am Ende nicht nur die bekannten Klassiker auf dem
Teller. Starkoch **Stefan Marquard**, Fleischexperte **Stephan Otto** und der Deutsche
Grillmeister **Steffen Eichhorn** haben mit sehr viel Spaß, Esprit, Know-how und Liebe
zu erstklassigem Fleisch außergewöhnliche Steakrezepte entwickelt, bei denen auch
Fleischzuschnitte in Szene gesetzt wurden, die in Deutschland noch wenig bekannt sind.

Aber auch Liebhaber klassischer Steak-Genüsse kommen auf ihre Kosten, denn neben
„Entrecôte meets Jakobsmuschel", „Ribeye gerührt und nicht geschüttelt" und „Chimi-
churri Skirt Steak" gibt es in **Steak pur!** natürlich auch „Knoblauch Steak", „Filet
Mignon" und „Pfeffersteak". Und damit der perfekten Zubereitung am heimischen
Herd nichts im Wege steht, verrät Stephan Otto alles, was man zum Thema Zucht,
Einkauf und Zubereitung wissen muss.

9 783868 521825